NYANKO NO KIMOCHI GA OMOSHIROI HODO WAKARU HON
by NYANKO KENKYUKAI
Copyright ⓒ 2014 NYANKO KENKYUKAI
Korean translation copyright ⓒ 2015 XO books. All rights reserved.
Edited by CHUKEI PUBLISHING.

First published in Japan in 2014 by KADOKAWA CORPORATION, Tokyo.
Korean translation rights arranged with KADOKAWA CORPORATION, Tokyo
through Danny Hong Agency.

이 책의 한국어판 저작권은 대니홍 에이전시를 통한 저작권사와의 독점 계약으로
엑스오북스에 있습니다.
저작권법에 의해 한국 내에서 보호를 받는 저작물이므로 무단전재와 복제를 금합니다.

고양이는 왜?
고양이의 마음을 알려주는 107가지 진실

고양이연구소 지음 ✿ 박재현 옮김

엑소북스

들어가는 글
내가 변덕쟁이라구요?

고양이는 변덕이 심한 동물이다.

다 같은 반려동물이지만 개와는 전혀 다르다. 개는 이름을 부르면 기꺼이 달려오고, 함께 놀아주면 무척 기뻐한다.

그런데 고양이는? 주인이 달콤한 목소리로 애타게 이름을 불러도 내키지 않으면 싸늘하게 외면한다. 신나게 함께 놀다가도 돌연 싫증을 내고는 훌쩍 다른 데로 가버린다.

개가 주인에게 맹목적으로 순종하는 것과 달리 고양이는 자신이 보살핌을 받고 있다는 의식조차 없는 것 같다.

그럼에도 고양이의 신비한 매력은 도저히 거부할 수가 없다. 알고 보면 고양이처럼 사랑스런 동물도 드물다. 보석 같은 눈동자, 그 해맑은 눈으로 물끄러미 허공을 바라보고 있는 모습은 왠지 슬픈 사색가 같다. 유연한 몸놀림으로 가볍게 점프하는 모습은 중력을 거부하는 발레리나처럼 우아하다. 살며시 다가와 뺨으로 부비부비를 해대면 모든 걸 받아줄 수밖에 없다.

그렇지만 한 가지 해결할 수 없는 게 있다. 고양이가 도대체 무슨 생각을 하고 있는지 알 수 없다는 것이다. 아마도 고양이를 사랑하는 사람들 백이면 백이 다 그럴 것이다. 고양이의 속마음을 어떻게든 알아낼 수는 없을까? 그 마음을 이해하면 심리적인 거리를 좁힐 수 있을 테고 더 좋은 관계를 형성할 수 있을 텐데.

이런 사람들에게 작으나마 도움을 주기 위해 기획한 책이 바로 이 책이다. 고양이의 습성을 비롯하여 신체적 특성, 고양이를 자주 괴롭히는 질병, 고양이 사회의 규칙, 고양이의 사고방식을 누구나 이해하기 쉽게 풀어 놓았다. 상황 별로 고양이를 어떻게 대하면 좋은지, 고양이의 몸짓은 무엇을 의미하는지 소개했다.

무엇보다 고양이와 함께 사는 사람들 각자의 다양한 생활 패턴 속에서 생길 수 있는 많은 의문들을 풀 수 있게 했다. 이를 테면 혼자 살면서 고양이를 어떻게 키워야 하는지, 고양이를 실내에서만 키울지 풀어놓을지, 여러 마리를 키울 때는 어떤 점에 주의해야 하는지 등을 알게 될 것이다.

아울러 고양이의 매력을 공감할 수 있는 칼럼과 집에서 고양이 밥을 손수 만들어 먹이는 방법 등 고양이에 관한 이런저런 정보도 담았다.

이 책을 통해 고양이의 반응과 행동을 이해하게 되면, 지금보다 훨씬 더 고양이를 깊이 이해하게 되고 더 깊이 사랑하게 될 것이라고 확신한다. 나아가 내 마음대로가 아니라 고양이의 기분에 맞게 적절히 대응할 수 있을 것이다. 모쪼록 당신과 당신의 사랑스런 고양이가 지금보다 더 행복하게 살아가는 데 도움이 되기를 바란다.

고양이연구소

고양이와 살고 있는 사람은 잘 알겠지만
고양이를 소유하는 사람은 아무도 없다

_엘런 페리 버클리

차례

들어가는 글 … 5

1장 내 마음을 알고 싶다고요?

- 01 미인도 잠꾸러기잖아요 … 17
- 02 왜 섹시하게 배를 드러내냐고요? … 19
- 03 자도 자는 게 아니랍니다 … 21
- 04 가르릉 가르릉, 힐링하는 소리랍니다 … 23
- 05 왜 툭하면 털을 고르냐고요? … 25
- 06 꾹꾹이는 왜 할까요? … 27
- 07 눈 가리고 자는 모습이 귀엽다구요? … 30
- 08 제 울음 소리 해석할 수 있나요? … 32
- 09 고양이는 왜 "야옹" 하며 울까요? -고양이 말 해석법 ① … 35
- 10 고양이 울음 소리는 그때 그때 달라요 -고양이 말 해석법 ② … 39
- 11 꼬리가 얼마나 중요하냐면요 … 43
- 12 꼬리로도 말한답니다 … 45
- 13 기지개를 켜야 하루가 시작되는 겁니다 … 50
- 14 수염은 장식용이 아니랍니다 … 52
- 15 수염으로 말한다니까요 … 54
- 16 고양이는 자기 소개를 이렇게 한답니다 … 57
- 17 내 귀에는 안테나가 있다구요 … 60
- 18 사람 목소리 구별쯤이야 … 62
- 19 귀를 보면 속마음을 알 수 있을 텐데 … 64
- 20 눈에도 비밀이 담겨 있거든요 … 69

Column 1 이토록 사랑스러운 고양이들 … 73

2장 내 행동을 이해하고 싶다구요?

21 타고난 부비부비 선수랍니다 … 79
22 신문지한테도 질투가 나요 … 81
23 왜 좁은 곳만 파고드냐구요? … 84
24 저 높은 곳을 향하여 … 87
25 저, 물맛 까다롭거든요 … 90
26 창 밖을 보며 무슨 생각하냐고요? … 92
27 더위에 약할까? 추위에 약할까? … 95
28 아무 때나 꼬리치는 거 아니거든요 … 98
29 제 선물 받으시렵니까? … 101
30 깨작거리며 먹는 게 마음에 안 든다구요? … 103
31 뜨거운 건 못 먹는다니까요 … 105
32 혀가 둔해요, 의외죠? … 109
33 달달한 게 뭐예요? … 111
34 노는 게 일이에요 … 113
35 고양이 주인이면 이 정도 테크닉은 아셔야죠 … 117
36 모래로 왜 응가를 덮냐고요? … 120
37 에휴, 목욕은 딱 질색인데 … 122
38 고양이가 풀을 잘 먹는다고요? … 124
39 잠자리는 자꾸 바꿔줘야 한다구요 … 126
40 발톱 안 갈면 큰일난다니까요 … 128
41 아무 때나 쓰다듬지 마세요, 쯤! … 132
42 낯선 곳은 정말 싫다니까요 … 134
43 냉랭한 사람이 차라리 더 좋아요 … 136

Column 2 고양이도 한때는 신앙의 대상이었다니까요 … 138

3장 고양이와 처음 사귄다구요?

44 개하고는 천지차이랍니다 … 143
45 너무 매정하다고요? … 145
46 제가 정말 생선을 좋아할까요? … 147
47 사료 맛에 질린 거라고요? … 149
48 내 영역도 존중해주면 안 되나요? … 151
49 고양이는 몇 식구가 좋냐구요? … 154
50 바깥에 내놓을까 말까? … 156
51 교통사고를 너무 많이 당하죠? … 158
52 영광의 상처가 어딨겠어요 … 160
53 가끔은 우리도 공황상태가 돼요 … 163
54 개는 사람을, 고양이는 집을 따른다고요? … 165
55 왜 죽음을 앞두고 사라지냐고요? … 168
56 화려한 외출 같은 건 없다구요 … 171
57 나 홀로 운동회가 좋아요 … 174
58 수고양이가 왜 자기 젖을 빠냐고요? … 177
59 아무 하고나 짝짓는 거 아니라니까요 … 179
60 새끼 낳은 몸은 배려해주세요 … 181
61 새끼를 물고 돌아다니면 어떡하냐구요? … 183

Column 3 하루키의 대작 〈노르웨이의 숲〉과 고양이의 인연 … 186

4장 건강이 최고 아닌가요?

- **62** 자꾸 토가 나와요 … 191
- **63** 하루 종일 굶었어요 … 193
- **64** 웅크리고만 있을래요 … 195
- **65** 자꾸 토하니까 축 늘어지네요 … 198
- **66** 응가는 매일 체크해주세요 … 200
- **67** 응가가 잘 안 나오네용 … 202
- **68** 쉬가 잘 안 나와요. 가끔 피도 보이고 … 204
- **69** 먹어도 먹어도 자꾸 말라요 … 206
- **70** 너무 먹는데 어쩌죠? … 208
- **71** 배불뚝이는 곤란한 거죠? … 210
- **72** 침을 많이 흘려요. 냄새도 심하고 … 213
- **73** 물을 너무 많이 먹어요 … 215
- **74** 감기는 우습게 보면 안 되는데 … 217
- **75** 몸을 자꾸만 긁어요 … 219
- **76** 털이 너무 빠져요 … 222
- **77** 눈물 나고 눈곱 생기고 … 224
- **78** 눈이 하얘지고 탁해져요 … 226
- **79** 귀를 자꾸 긁어서 악취가 나요 … 228
- **80** 만지지 말라니까요 … 230
- **81** 걷는 모습이 이상한가요? … 232
- **82** 기침에 호흡 곤란까지 왔어요 … 234
- **83** 경련과 경기를 일으켜요 … 236
- **84** 상처가 좀처럼 낫지 않네요 … 238
- **85** 금세 지쳐 움직이기 싫어요 … 240
- **86** 코를 너무 심하게 골아요 … 242
- **87** 고양이 에이즈라고 들어보셨나요? … 244

Column 4 나 홀로 집 지키면 어떤지 아세요? … 246

5장 고양이와 해피 투게더!

88 암컷과 수컷, 어느 쪽이 키우기 쉽냐구요? … 251
89 여러 마리를 키울 때는 뭘 주의하죠? … 253
90 새로운 친구는 어떻게 맞이하냐고요? … 255
91 몇 살 때부터 키우는 게 좋을까? … 259
92 몇 살까지 사냐구요? … 261
93 집에 혼자 남겨둘 때는 제발 … 263
94 고양이와 함께 여행하고 싶다고요? … 265
95 고양이 블로그부터 둘러 보세요 … 267
96 이렇게 찍어주세욤 -매력만점 고양이 사진찍기 ① … 269
97 어때요, 폼나죠? -매력만점 고양이 사진찍기 ② … 272
98 고양이 카페에 가보셨어요? … 275
99 캣 푸드라고 모두 안전한 건 아니에요 … 278
100 직접 만들어 먹이고 싶다구요? … 280
101 고양이밥도 집밥이 최고죠 … 282
102 고양이밥 만드는 거 어렵지 않아요 … 284
103 고양이는 뭘 먹여야 할까요? … 287
104 이런 식재료는 피해주세요 … 289
105 집밥 먹고 달라졌어요 … 292
106 저 좀 내버려두시면 안 되나요? … 294
107 내 나이 돼 보세요 … 296

Column 5　도라에몽은 이렇게 태어났답니다 … 302

1장

내 마음을 알고 싶다고요?

01 미인도 잠꾸러기잖아요

고양이는 다 잠꾸러기다. 하루 대부분의 시간을 잠자거나 졸면서 보낸다. 귀여운 표정과 그로테스크한 자세로 자고 있는 모습을 바라보고 있으면 "참 잘도 잔다!"는 혼잣말이 절로 나온다.

고양이는 도대체 얼마나 자야 직성이 풀릴까? 새끼일 때는 하루 평균 20시간 정도를 잔다. 다 큰 고양이도 대략 하루 12~15시간 정도 자는 게 일반적이다. 인간의 수면 시간과 비교하면 거의 두 배나 되는 셈이니 고양이의 대표적인 습성을 꼽으라면 잠꾸러기가 아닐까 싶다.

특히 비 오는 날에는 걷잡을 수 없는 폭풍수면에 빠져든다. '이런 날은 자는 게 최고'라고 생각하는지 하루 종일 잠만 자는 고양이를 흔히 볼 수 있다.

그것이 고양이에게는 지극히 정상적인 생활 패턴 중 하나다. 왜 그럴까? 그 옛날 10만 년 전부터 고양이는 작은 동물을 사냥하면서 살아온 육식동물이다. 그러니 비가 오면 고양이로서는 그다지 달갑지 않다. 먹잇감이 둥지에 틀어박혀 나오지 않기 때문이다. 사냥하러 나가봤자 허탕만 치게 된다.

그래서 비가 갠 뒤 작은 동물들이 둥지 밖으로 나와 활동을 시작할 때까지 고양이는 그저 잠만 잔다. 에너지 소비를 최소한으로 억제하려는 것이다. 얼마나 지혜로운 생존전략인가? 잠 많고 게으르다고 타박할 일이 아니다.

요즘은 야생동물을 먹잇감으로 사냥하는 집고양이는 거의 없기 때문에 하루 온종일 잠만 자며 보내는 건 의미가 없다. 그래도 기나긴 세월 동안 고양이의 DNA에 아로새겨진 생존본능은 무시할 수 없다. '비 오는 날에는 잠이나 자라'는 유전자의 명령을 쉽게 거스를 수 없는 것이다. 저항할 수 없는 수마와 억지로 싸우기보다는 차라리 잠의 세계에 순순히 몸을 맡기는 게 고양이의 생리에 맞는 방식일지도 모른다.

비 오는 날 잠만 자는 고양이가 안쓰러워 '좀 놀아줄까'라고 생각했다면 서둘러 접는 게 좋다. 쏟아지는 달콤한 잠을 막는 방해꾼밖에 안 될 테니까.

02 왜 섹시하게 배를 드러내냐고요?

 고양이는 정말 몸으로 말한다. 체온을 조절하는 방식만 해도 그렇다. 고양이는 추운 계절에는 체온을 빼앗기지 않으려고 몸을 동그랗게 만다. 반대로 더운 계절에는 체온을 발산하기 위해 몸을 펴 표면적을 넓힌다. 어떤 모습으로 자는가만 보고도 고양이의 체감온도를 짐작할 수 있다.

 자는 모습을 보면 얼마나 긴장해 있는지도 판단할 수 있다. 고양이가 경계심을 갖고 있을 때는 기본적으로 몸을 움츠린다. 언제든 재빨리 다른 곳으로 이동할 채비를 갖추는 것이다.

 반면 온몸에 힘을 뺀 상태로 다리를 쭈욱 편 채 늘어져 있다면 안심하고 있다는 증거다. 특히 배를 드러내고 있다면 최고조로 안심한 상태다. 전혀 긴장하지 않고 있다는 신호로 해석할 수 있다.

동물의 세계에서 배를 드러내는 것은 대개 절대복종 혹은 항복의 신호다. 이런 자세는 주인에 대한 신뢰가 절대적일 때 취한다. 주변에 적이 없는 데도 배를 보이고 있다면 안심하고 있는 상태다. 결국 고양이가 바닥에 누워 배를 내보인다는 것은 주인을 부모처럼 믿고 있다는 신호이자 깊은 신뢰관계를 보여 주는 보디 랭귀지다. 물론 길고양이 세계에서 무방비로 배를 보이는 일은 극히 드물다.

잠든 고양이를 보고 있으면 때때로 수염을 움찔거리기도 하고 귀를 뒤로 기울이는가 하면 팔다리를 쭉 뻗기도 한다. 돌연 잠꼬대를 하듯이 고양이 말을 웅얼거릴 때도 있다. 이런 행동을 보면 고양이도 꿈을 꾼다는 것을 짐작할 수 있다.

03 자도 자는 게 아니랍니다

    고양이는 하루 평균 14시간을 잔다고 했는데 그 중 숙면을 취하는 논렘 수면은 고작 3시간밖에 되지 않는다. 인간이 14시간 동안 잠을 잘 경우 논렘 수면은 6시간 반 정도가 된다. 반면 고양이는 3시간에 그쳐 인간의 절반 수준밖에 숙면하지 못한다.

    어째서 이토록 숙면시간이 짧은 것일까? 사냥을 하며 살아온 오랜 세월의 흔적이 남아 있기 때문이다. 느닷없이 적이 나타나 보금자리를 습격할 경우 언제든 즉각적으로 반응할 수 있는 각성 시스템을 갖추게 된 것이다. 깊은 잠에 빠져 있던 고양이가 돌연 눈을 번쩍 뜨고 일어나 귀를 쫑긋 세운 채 경계 태세에 돌입하는 것도 각성 시스템이 작동하기 때문이다. 온종일 잠만 자는 것처럼 보이지만 실은 언제든 잠에서 깰 수 있게 긴장감을 유지하고 있는 것이다.

기본적으로는 인간과 고양이 모두 논렘 수면과 렘 수면을 반복한다. 하지만 고양이는 사냥을 하던 시절에 키운 방어본능을 수면 중에도 여전히 작동하고 있다. 실제로 잠자고 있는 고양이를 보고 있으면 눈, 귀, 손발을 움찔움찔 움직인다. 그때는 렘 수면을 취하는 중이지만 몸은 여전히 긴장한 상태에 있는 것이다.

고양이가 자면서 몸을 움찔거리는 모습을 보고 걱정이 앞서서 큰 소리로 부르거나 흔들어 깨워서는 안 된다. 앞에서도 언급했듯이 꿈을 꾸는 중일 수도 있기 때문이다.

고양이가 깊은 잠에 빠지는 논렘 수면 상태일 때는 온몸에 힘을 빼고 있는 중이어서 주인이 쓰다듬어도 거의 반응하지 않는다. 심지어 흔들어 깨워도 좀처럼 일어나려고 하지 않는다.

만일 고양이를 잠자리로 옮겨야 할 상황이라면 이렇게 논렘 수면 중일 때 하는 것이 바람직하다. 물론 이때도 가능한 한 살살 다뤄야 한다.

04 가르릉 가르릉, 힐링하는 소리랍니다

주인 무릎 위에 올라앉은 고양이의 목에서 가르릉 가르릉 하는 작은 소리가 들릴 때가 있다. 이 소리를 영어로는 퍼링purring이라고 하는데, 우리나라에서는 마땅히 정해진 명칭이 없어서 대개 '골골' '고롱고롱'이라는 말로도 표현한다.

고양이가 고롱고롱 목을 울리는 것은 지극히 일상적인 행동이다. 다만 그 소리가 어디서 나오는지는 아직 규명되지 않아서 수수께끼로 남아 있다.

최근 연구에 의하면, 고양이에게는 성대 외에도 인두질 추벽咽頭質皺襞이라는 가성대가 있는데 여기서 고롱고롱 소리가 나온다고 한다. 가장 유력한 가설이지만 메커니즘을 완전히 밝혀내지는 못한 상황이다.

그나저나 고양이는 왜 목을 고롱고롱 울리는 것일까? 아마도 가족 혹은 주인과 커뮤니케이션을 하기 위해서가 아닐까 추측해볼 뿐이다. 어미 고양이는 갓 태어난 새끼 고양이에게 다가가면서 목을 고롱고롱 울리곤 한다. 이 소리를 듣고 새끼 고양이는 안심을 한다. 새끼는 다 자란 후에도 스스로 고롱고롱 소리를 내며 심리적인 안정을 찾는다. 따라서 고양이가 목을 울려 고롱고롱 소리를 내고 있을 때는 릴렉스한 상태에서 긴장을 풀고 있다고 생각하면 된다.

흥미로운 사실은 이 고롱고롱하는 소리에는 힐링 효과가 있다는 점이다. 고롱고롱하는 소리의 주파수는 20~50헤르츠의 저주파인데 이 음파에서는 골밀도와 자연치유력이 높아진다. 놀랍게도 프랑스에서는 최근 들어 고양이의 고롱고롱하는 소리를 치료나 재활에 활용하기도 한다.

고양이는 동물병원의 진찰대에 오를 때면 지나치게 긴장한 나머지 고롱고롱 소리를 내기도 한다. 그때는 다정하게 "괜찮아, 괜찮아"라는 말로 안심을 시켜주는 게 좋다.

05 왜 툭하면 털을 고르냐고요?

"고양이는 정말 깔끔하다니까!"

틈만 나면 털 고르기그루밍를 열심히 하기 때문에 고양이는 이런 말을 자주 듣는다. 아닌 게 아니라 고양이의 하루 일과는 잠자기, 먹기, 털 고르기 등으로 크게 나눌 수 있다. 그 중에서 가장 비중이 큰 일과는 단연코 털 고르기다.

고양이가 일삼아 털을 고르는 이유에 대해서는 여러 설이 있다. 첫째, 털에 붙은 먼지를 제거한다. 둘째, 먹이나 주인의 냄새를 지운다. 셋째, 정전기를 없앤다. 넷째, 털에 발랐던 침이 마르면서 발생하는 기화열로 체온을 조절한다. 실제로 고양이는 털 고르기로 몸의 열기를 30퍼센트 정도나 발산한다고 하니 무더운 여름철에 털 고르기는 결코 빠뜨릴 수 없는 일과다.

털 고르기를 하다 보면 흥분한 마음을 부드럽게 진정시키고 긴장을 완화시키는 정신 작용으로 이어지기도 한다. 높은 곳에서 떨어질 뻔하거나 큰소리로 꾸중을 듣거나, 예기치 않게 개와 맞닥뜨렸을 때처럼 정신적으로 충격을 받은 뒤 털 고르기를 하는 것도 그런 이유에서다. 고양이 스스로 차분히 마음을 가라앉히는 과정이라고 볼 수 있다.

때로는 다른 고양이와 험악하게 영역 다툼을 벌이는 도중에도 돌연 털 고르기를 시작해 보는 사람을 미소짓게 한다. 엉뚱해 보이기도 하고 깜찍해 보이기도 하고 어이없어 보이기도 한다.

고양이는 대개 혼자서 털 고르기를 하지만 여러 마리가 함께 살거나 가족이 모여 살 때는 서로 털을 골라주기도 한다. 이때 암고양이는 친한 사이일 경우 성별을 가리지 않고 털 고르기를 해주지만 수고양이는 철저하게 암고양이의 털만 쓸어준다. 누가 숫컷 아니랄까봐.

06 꾹꾹이는 왜 할까요?

고양이는 때때로 양손을 번갈아가면서 안마하듯 꾹꾹 주물러주는 행동을 하곤 한다. 흔히 '꾹꾹이'라고 하는데 어미 새끼 가릴 것 없이 자주 하는 평범한 몸짓이다.

대개는 앉은 자세에서 앞발에 힘을 넣어 리드미컬하게 뻗는다. 동시에 발가락도 오므렸다가 편다. 얼핏 보면 사람이 안마하는 모습처럼 보인다.

고양이가 꾹꾹이를 해주면 왠지 모르게 기분이 좋아질 것 같지만 사실은 그렇지 않다. 고양이가 다리로 꾹 누를 때는 발톱을 세우기도 하기 때문에 아프다. 발톱에 옷이 걸려 너덜너덜 걸레가 되기도 한다.

고양이가 꾹꾹이를 할 때는 일정한 패턴이 있다. 대부분은 잠자는 동안 잠결에 한다. 꾹꾹이의 대상은 주인의 발이나 이불, 자기가 좋아하는 인형인데 더러는 다른 고양이의 등에

대고 할 때도 있다.

　이런 습성은 왜 생긴 것일까? 새끼일 때 어미의 젖을 양손으로 누르면서 빨던 버릇이 남아 있기 때문이다. 이런 버릇은 젖을 떼지 않은 상태에서 어미와 헤어진 고양이에게서 쉽게 나타난다. 새끼일 때 충분히 젖을 빨지 못한 욕구불만을 이렇게 표출하는 셈이다. 다 자란 고양이가 꾹꾹이를 하는 것은 '좀 더 엄마젖을 먹고 싶었다'는 아쉬운 마음을 표현하는 것일지도 모른다.

　꾹꾹이를 할 때 모포나 스웨터를 핥거나 씹는 고양이라면 주의해야 한다. 이때 삼킨 섬유나 먼지가 장을 막을 수 있기 때문이다. 만일 뭔가를 계속 빠는 버릇이 있는 고양이라면 주변에 털실 뭉치나 털이 긴 편직물은 놓아두지 않도록 특별히 조심해야 한다.

07 눈 가리고 자는 모습이 귀엽다구요?

 가장 인기 있는 고양이 모습은 무방비 상태로 잠들어 있을 때가 아닐까 싶다. 그 중에서도 앙증맞은 손으로 두 눈을 가리고 자는 귀여운 모습은 압권이다. 그런데 눈 가리고 자는 모습은 집에서 키우는 고양이에게서만 볼 수 있다는 것을 아는 사람은 많지 않다.

 아프리카 사바나에서 생활하는 사자, 미국 초원에서 사는 재규어, 남서제도 대만과 일본 규슈 남단 사이에 있는 열도 에서 서식하는 이리오모테 살쾡이처럼 현재까지도 야생에서 살고 있는 고양이과 동물은 눈을 가리고 자는 경우가 절대 없다. 결국 환경의 차이가 행태의 변화로 이어진 것인데, 아무래도 가장 큰 원인은 인공조명 탓이 아닐까 싶다.

 고양이는 원래 바깥에서 생활하는 동물이어서 태양광 같은 자연광 아래서는 잠자는 데 아무 문제가 없다. 그러나 야행성인데다 밤에도 환하게 켜진 조명 아래서 잠을 자야 하는 환경에 있다 보니 안락하게 잠들기도 힘들고 깊게 잘 수도 없다. 그 때문에 숙면을 취하기 위해 고양이 스스로 찾아낸 생존전략이 바로 두 발로 눈을 가리고 자는 것이다. 우리에게는 아무렇지도 않은 약간의 불빛도 자연계에서는 겪어본 적 없을 만큼 눈부시다. 그래서 고양이는 자신의 눈을 앞발로 덮어 빛을 차단하려는 것이다.

고양이는 때로는 뒷다리를 쭉 뻗는 멋진 포즈로 눈을 가리기도 하는데, 묘기와도 같은 진기한 자세를 보고 있으면 절로 감탄이 나온다.

그런 모습에 반해 고양이의 고충을 헤아리지 못하는 건 좀 곤란하다. 고양이에게는 가급적 조명이 없는 환경이 좋으므로 잠 자는 곳만큼은 너무 밝지 않게 해준다. 잠을 자는 동안 전깃불을 꺼주는 센스도 베풀어 보자.

08 제 울음 소리 해석할 수 있나요?

고양이의 울음 소리는 실로 다양하다. 문제는 우리가 그 소리에 어떤 의미가 담겨있는지 모른다는 것이다. 그저 고양이의 태도나 목소리만 놓고 막연하게 짐작할 뿐이다. 배가 고픈 건가, 놀고 싶은 거니, 밖에 나가고 싶어서 그러는구나, 라고 우리 맘대로 판단하는 것이다.

고양이를 좋아하는 사람이라면 당연히 고양이의 마음을 좀 더 알고 싶을 것이다. 가능하다면 고양이와 의사소통을 하고 싶은 바람도 있을 것이다. 오죽했으면 고양이의 마음을 알려주는 기계가 한때 큰 인기를 얻었겠는가? 최근 고양이 말을 번역해주는 스마트폰 어플리케이션이 나온 걸 보면 고양이의 기분을 알고 싶어 하는 사람들의 바람은 예나 지금이나 마찬가지인 모양이다.

이런 소망을 알았는지 동물학자들 중에는 고양이의 발성

을 연구하는 이도 속속 등장하고 있다. 고양이의 울음 소리를 설명해주는 책들도 일찍이 1940년대부터 끊임없이 출간되고 있다.

영국의 동물학자 멀트카일 워싱턴 연구팀이 〈고양이는 시각보다 청각에 의한 음성 커뮤니케이션 능력이 발달했다〉라는 제목의 논문을 발표하면서 고양이의 울음 소리를 체계적으로 분류하는 연구가 활발해졌다. 과거에 비해 고양이 말을 해석하는 방식이 한층 진보된 것이다.

그럼에도 생활 속에서 고양이와의 커뮤니케이션이 진화했다는 건 거의 실감할 수 없는 실정이다. 그래서 그런지 고양이는 여전히 신비로운 존재로 남아있는지도 모른다.

고양이는 때때로 입만 벌린 채 아주 작지만 거친 소리를 내곤 한다. 이를 두고 '침묵의 야옹Silent Meow'이라고 부른다. 고양이가 긴장했거나 어떻게 행동하면 좋을지 몰라 당황할 때에 흔히 나오는 특유의 행동이다. 다소 신경질적인 상태일 때 이런 행동을 하게 되므로 갑자기 안아 올리거나 놀아주겠다며 다가가는 식으로 부담을 주어서는 안 된다.

'침묵의 야옹'은 잠이 좀 덜 깼을 때 보이는 행동이므로 잠시 시간이 지나면 평소 상태로 돌아오긴 한다. 흔히 볼 수 없는 행동인 만큼 당황하지 말고 행운이 찾아왔구나, 하면서 즐기는 건 어떨까.

09 고양이는 왜 "야옹" 하며 울까요?
고양이 말 해석법 ①

고양이가 "야옹" 하고 울 때마다 묻고 싶어진다.

"지금 뭐라고 말했니?"

고양이를 키우는 사람이라면 누구나 고양이의 기분을 알고 싶다.

물론 고양이마다 버릇이나 개성이 제각각 달라서 천편일률적인 해석은 가능하지도 바람직하지도 않지만, 자주 들을 수 있는 울음 소리 몇 가지는 해석 가능하다. 지금부터 대표적인 몇 가지 사례를 살펴보기로 하자.

냥 하는 높은 소리

짧게 "냥" 하고 우는 소리는 친한 상대에게 "안녕!"이라고 인사를 건네는 것이다. 이때의 목소리는 높고 가볍다. 고양이끼리 인사할 때도 인간에게 인사를 건넬 때도 같은 의미다.

🐾 짧게 냥 하고 운다

짧게 "냥" 하고 우는 소리라도 사람에게 불만이나 경고를 나타내는 의미를 담을 때가 있다. 예컨대 곤히 자고 있는데 주인이 쓰다듬는 바람에 화들짝 놀라 잠에서 깨면 비난하는 듯한 투로 "냥" 하고 울기도 한다. 이보다 더 화가 날 때는 "구오" 하며 마치 개구리 소리를 내기도 한다. "그만둬!"라고 경고하는 것이다.

🐾 냥, 냥 하고 이어지는 높은 소리

짧게 "냥, 냥" 반복하는 것은 뭔가를 요구하는 소리다. 인간에게 "있잖아" 하면서 호소하는 것이다. 자신이 원하는 것을 들어줄 때까지 계속 울어대기도 한다.

🐾 야옹 하고 분명한 소리를 낸다

분명한 목소리로 "야옹" 하고 우는 것은 어떤 주장을 할 때의 울음 소리다. 마침 주인이 자신을 주목하고 있으면 큰 소리로 분명하게 "배고파! 빨리 밥 줘!"라고 말하는 것이다. 자신의 요구가 전해지도록.

응석을 부릴 때도 이런 울음 소리를 낸다. 드물지만 몸이 아프거나 어딘가 안 좋을 때도 이런 식으로 울기 때문에 주의 깊게 상황을 살필 필요가 있다.

🐾 우~, 냐옹~ 하는 신음소리

평소와 달리 목에 무엇이 걸린 듯 신음소리를 낼 때가 있는데, 긴장이 고조되었을 때 나오는 소리다. 뭔가를 경계하거나 싸울 준비를 하는 상태일 때도 그렇게 하므로 맞붙어 싸우지 않도록 주의하는 것이 좋다.

🐾 훅, 칫 하고 위협하는 소리

"칫" 하는 거친 울음 소리는 상대를 위협하거나 방어 태세에 돌입했을 때 들을 수 있다. 한편 교미할 때 이 소리를 내기도 한다. 이 울음 소리 전후에 목 안쪽에서 파열음을 내기도 하는데, 스팟spit이라고 한다.

이 소리를 내면 점차 감정이 격앙되어 아무리 말려도 진정되지 않는다. 따라서 싸움을 말릴 생각이면 이 시점에서 하는 것이 바람직하다.

🐾 나~오~ 하는 탁한 울음 소리

평소와 다르게 "나~오~" 하고 길게 이어지는 수고양이의 탁한 소리는 발정기에 이성을 유혹하는 특별한 울음 소리다. 소리는 높아지기도 하고 낮아지기도 한다. 이 소리는 흡사 인간의 아기 울음 소리와 비슷하여 때때로 착각을 일으키기도 한다.

고양이 울음 소리로 이웃이 고충을 호소할 때는 대개 이 소리다. 번식시킬 생각이라면 이 문제에 대한 대처법도 생각해둬야 하는데 중성화수술을 하면 발정기 울음 소리가 잦아들긴 한다.

🐾 먀~오 하는 도전적인 울음 소리

다른 고양이를 향해 "먀~오" 하고 기운차게 우는 것은 "뭐야, 지금 해보겠다는 거야?"라는 뜻으로 상대의 동태를 살피고 있다는 의미다. 이 소리에 이어서 "하아악" 하며 위협하는 소리가 이어진다.

그 상태에서 싸움으로 이어지는 일은 거의 없고 대부분은 자연스럽게 분위기가 전환되므로 차분히 고양이의 모습을 지켜보는 게 좋다.

10 고양이 울음 소리는 그때 그때 달라요
고양이 말 해석법 ②

귀엽게 응석을 부리는 소리에서부터 상대를 두려움에 떨게 만드는 탁한 소리에 이르기까지 고양이의 울음 소리는 그야말로 다채롭다. 때로는 어머, 이게 우리 고양이가 내는 소린가, 의심이 드는 소리를 내기도 한다. 그만큼 고양이의 표현력은 폭넓고 풍부하다.

🐾 냐, 냐, 냐~ 하고 짧게 우는 소리

노래하듯 높은 소리로 시작해 점차 낮은 소리로 변하는 울음 소리는 즐겁거나 기쁜 마음을 표현한다. 예를 들면 고양이가 좋아하는 간식 봉지를 열려고 할 때 들을 수 있는 소리다. 고양이의 들뜬 마음을 충분히 느낄 수 있다.

🐾 냐~, 냐~ 하는 높은 소리에서 낮은 소리로 이어지는 울음 소리

높은 소리에서 점차 낮은 소리로 이어진다는 점에서 기쁠 때의 울음 소리와 같지만, 음색은 전혀 다르다. 기쁠 때처럼 힘차게 소리를 내는 것과 달리 묘하게도 슬프게 들리는 소리는 어떤 일에 대해 항의하고 있는 것이다.

음정을 낮추어 슬픈 것처럼 우는 소리는 잠자리 모포를 갈아달라든가, 자기가 좋아하는 고양이 밥이 아니라든가, 어떤 납득되지 않는 일이 일어났다든가 할 때 들을 수 있다. "왜 이러는 거야? 난 싫어"라는 뜻의 불만스러운 기분을 드러내기 위해 슬프게 우는 것이다.

🐾 갸아악 하는 비명 같은 울음 소리

공포나 통증을 호소하는 소리다. 이를테면 SOS 신호를 보내는 것인데, 주인이 감당할 수 있는 상황이면 도와주도록 하자.

🐾 냐~냐~, 냐, 냐옹 하고 말하기

가장 흔히 듣는 울음 소리로 고양이의 수다처럼 들린다. 특히 치근대거나 주인에게 뭔가 바라는 것이 있을 때 들을 수 있다. 특별한 의미 없이 말을 걸듯 울기도 한다. 물론 고양이의 말에 별다른 의미가 담기지 않을 때도 있는데, 억양에 따라 표현하는 기분이 다르므로 귀 기울여 들어보자.

🐾 마우마우마우, 아오아오아오 하고 위협하는 소리

길고양이나 처음 집에 데려온 고양이에게 먹이를 주면 "아오아오아오" 하고 위협하듯 소리를 내며 먹이를 먹기도 한다. 그 뉘앙스 그대로 "내 꺼야! 저리 가"라는 의미다.

고양이가 밥을 먹고 있을 때 이렇게 위협하는 소리를 내는 것은 흔한 일인데 특히 새끼 고양이에게서 볼 수 있다. 때로는 어른 고양이도 이런 소리를 낸다.

고양이가 밥을 먹으면서 인간을 경계하는 것은 아직 신뢰 관계가 형성되지 않았기 때문이다. 식사 중 상대를 위협하는 일이 없도록 하려면 가까이에서 아무것도 하지 않고 조용히 바라보면 된다. 고양이가 충분히 안심할 수 있게 해주는 것이다.

고양이가 자신의 밥은 빼앗길 리가 없다는 사실을 스스로 확신하게 되면 편안한 마음으로 식사하게 된다. 단, 고양이가 밥을 먹는 동안에는 절대 먹이에 손을 대서는 안 된다. 비

록 먹이를 흘리더라도 그저 가만히 보고만 있는 것이 좋다.

😺 아카카카 하는 이상한 소리

고양이의 '채터링'이라고 하는 소리인데, 고양이의 발성 중에서 가장 재미있다. 새나 다른 동물이 가까이 오거나 바로 눈앞에 있어서 어찌할 바를 모를 때 내는 울음소리다. 위기에 빠져 난처해하는 고양이에게는 미안하지만, 새를 빤히 보면서 입술을 떠는 모습을 보고 있으면 시선을 뗄 수가 없다. 가여울 만큼 열중하고 있는 상황이 흥미진진하기 때문이다.

11 꼬리가 얼마나 중요하냐면요

    고양이의 꼬리는 점프하거나 착지할 때 균형을 잡아주는 역할을 한다. 겨울에는 목도리처럼 몸을 따뜻하게 해주며, 영역을 표시할 때도 사용한다. 그뿐이 아니다. 그때 그때 자신의 감정을 표현할 때도 꼬리를 동원한다.

    상대적으로 꼬리가 짧은 고양이보다는 긴 고양이가 훨씬 잘 뛰어 오르고 운동신경도 좋다. 긴 꼬리를 키처럼 이용하여 나무를 타는가 하면 담벼락 위를 태연히 걷기도 한다.

    꼬리는 장난감 구실을 하기도 한다. 새끼 고양이가 자신의 꼬리를 잡으려고 빙글빙글 도는 모습은 고양이를 그다지 좋아하지 않는 사람도 미소를 지을 만큼 사랑스럽다.

    여기서 기억할 게 있다. 고양이의 꼬리는 척추와 바로 연결되어 있어서 통증에 매우 민감하다는 점이다. 따라서 꼬리를 잡아당기거나 꽉 잡아서는 절대 안 된다. 자칫 사람에게

꼬리를 밟히면 큰 소리로 항의할 때가 있는데 그럴 만한 이유가 있는 것이다. 고양이 꼬리는 무조건 부드럽게 다룬다고 생각하는 게 좋다.

고양이 꼬리는 여러 형태가 있는데, 가장 대표적인 것으로는 25~30센티미터 정도로 긴 Full Tail, 공중에서 둥글게 말린 Aerial Curled Tail를 꼽을 수 있다. 이 밖에도 말린 꼬리가 배 옆으로 내려온 Flat Curled Tail, 꺾여 구부러진 꼬리가 수평으로 뻗은 Flat-to-Back Tail, 꼬리 끝이 꺾인 Kinked Tail, 돼지꼬리처럼 말려 있는 Corkscrew Tail이 있다. 람피맹크스의 인기가 높은 것도 짧은 꼬리 덕분이다.

12 꼬리로도 말한답니다

길든 짧든 꼬리는 고양이의 개성을 나타내는 매력 포인트다. 고양이는 꼬리를 이리저리 움직여 자신의 감정을 다양하게 표현하기 때문에 유심히 관찰할 필요가 있다. 꼬리를 잘 살펴보는 것만으로도 고양이의 기분을 파악할 수 있기 때문이다. 다시 한 번 강조하지만 가장 좋은 커뮤니케이션은 뭐니 뭐니 해도 상대를 잘 관찰하는 것이다.

🐾 곧게 수직으로 세운다

꼬리를 수직으로 세운 채 다가온다면 기분이 매우 좋다는 증거다. 응석부리고 싶다, 쓰다듬어 달라, 놀아달라는 마음을 표현하는 것이다. 고양이와의 심리적 거리를 좁힐 수 있는 절호의 기회이므로 편안한 마음으로 스킨십을 즐기도록 하자.

😺 천천히 크게 꼬리를 흔든다

긴장을 풀고 있는 릴렉스 상태일 때 혹은 마음 놓고 편안히 있을 때 이런 식으로 꼬리를 움직인다. 움직였다 멈췄다 하면서 꼬리 끝만 천천히 움직이고 있을 때는 어떤 생각에 잠겨 있는 상태이므로 지나치게 간섭하는 건 좋지 않다.

😺 꼬리털이 굵어진 채 서 있다

공포를 느끼거나 놀랐을 때, 상대에게 공격 태세를 취할 때, 꼬리털이 서면서 부풀어 오른다. 꼬리뿐 아니라 온몸의 털이 서기도 하는데, 지나치게 흥분시키지 않도록 하자.

😺 꼬리가 산 모양이 된다

꼬리를 올려 산 모양을 만드는 것은 경계 모드에 들어가 공격 태세를 취하려고 할 때 볼 수 있다. 다른 고양이와의 싸움을 말리고 싶다면, 이 시점에서 살며시 몸을 끌어안아주는 게 좋다.

😺 꼬리를 다리 사이에 끼운다

꼬리를 다리 사이에 끼우고 그대로 몸을 웅크리는 자세

는 공포로 겁을 먹었을 때에 볼 수 있다. 상대와의 싸움을 피하고 싶다는 표현이므로 상대 고양이가 보이지 않는 장소로 대피시키도록 하자.

🐾 꼬리를 내린다

꼬리를 축 늘어뜨리는 것은 우울하거나 기력이 없을 때다. 몸 상태가 좋지 않을 때에도 볼 수 있는 모습이므로 어딘가에 상처가 있는 건 아닌지 세심히 살펴보자.

🐾 안으면 꼬리를 배에 붙인다

고양이의 배가 보이도록 안을 때 꼬리를 배에 딱 붙이고 있다면 잔뜩 긴장해 있다는 신호다. 긴장하지 않을 때는 꼬리에 힘이 들어가지 않아 축 늘어진다.

🐾 꼬리를 좌우로 빠른 템포로 흔든다

꼬리를 좌우로 휙휙 빠르게 흔드는 것은 안절부절못할 때 보이는 모습이다. 꼬리가 크게 움직일 때는 기분도 밝고 활달한 상태이지만, 휙휙 좌우로 빠르게 움직일 때는 기분이 위축되어 있다고 볼 수 있다.

😺 안으면 꼬리를 빠르게 흔든다

고양이를 안았을 때 꼬리를 빠르게 살랑살랑 흔든다면 유감스럽게도 "빨리 내려놔"라는 신호다. 힘들여 안아줘도 기뻐하지 않을 때가 있는 법이다. 다음에 안아주는 것으로 하고 일단 놔주는 게 좋다.

😺 꼬리 끝만 움찔움찔 움직인다

뭔가를 물끄러미 보고 있거나 흥미로운 것을 발견했을 때 꼬리 끝만 움찔움찔 한다. 이때 참견하면 고양이가 귀찮아하니 그저 조용히 지켜보는 게 상책이다.

😺 누워서 꼬리로 살랑살랑 대답한다

자고 있을 때 고양이의 이름을 부르거나 말을 건네면 꼬리 끝만 살랑살랑 움직이는데, "그래 그래"라고 대답하는 동작이다. 나를 부르는 건 알지만 일어나는 게 성가시다, 라는 대답을 꼬리로 대신하는 고양이 나름의 대응방식인데 이렇게라도 대답해주니 황송할 따름이다.

13 기지개를 켜야 하루가 시작되는 겁니다

고양이는 잠에서 깨면 입을 크게 벌리고 하품을 한다. 그러고 나서 등을 쭉 펴며 스트레칭을 한다. 이런 행동은 고양이가 잠자리에서 일어나자마자 치르는 중요한 의식이다.

얼핏 여유롭게 하품하는 것처럼 보이지만 그렇지 않다. 수면 시간이 긴 고양이로서는 수면 중 부족했던 산소를 하품을 통해 뇌에 공급하는 것이다. 하품과 동시에 기지개를 크게 켜면 온몸 구석구석에 산소가 보내져 빠르게 활력을 되찾을 수 있다.

잠에서 깨어 일련의 의식을 치르고 나야 고양이는 완전히 잠에서 빠져나온다. 그렇게 한 다음에야 당장이라도 먹잇감을 잡으러 나갈 수 있는 상태가 되기 때문에 이 습관은 결코 거르는 법이 없다. 야생에서는 잠에서 깨자마자 얼마나 빨리 행동할 수 있는가가 생사를 결정짓는 매우 중요한 요인이다.

외부의 적으로부터 자신을 지키기 위해서라도 한껏 기지개를 켜며 하품할 필요가 있는 것이다.

단, 고양이가 스스로 일어났을 때는 상관없지만 자고 있는 고양이를 부주의로 깨웠을 때의 하품은 조금 뉘앙스가 다르다. 원치 않는 상태에 잠에서 깬 고양이는 대개 자기를 깨운 사람을 물끄러미 보다가 불만에 가득 찬 표정으로 털 고르기를 하거나 기지개도 켜지 않고 하품만 한다.

고양이가 하품을 할 때는 일단 입을 작게 오므렸다가 순식간에 크게 벌린다. 이때 보통은 눈을 감는데, 때로는 눈을 뜨고 하는 바람에 얼굴 표정이 무섭게 변하기도 한다. 하품이 끝나면 혀를 내밀어 입 주위를 핥는 고양이도 많은데, 일종의 몸치장을 하는 것이다.

쉬운 일은 아니지만, 고양이 입 안을 살펴볼 수 있는 것도 입을 크게 벌리고 하품할 때다. 그 순간을 놓치지 말고 입 안에 상처는 없는지, 흔들리는 치아는 없는지, 구취는 있는지, 혀 상태는 어떤지를 살펴보자. 순간 포착을 누구나 쉽게 할 수 있는 건 아니지만 노력해도 안 되는 일은 아니다.

14. 수염은 장식용이 아니랍니다

수염은 고양이에게 매우 중요한 센서 역할을 한다. 고양이의 수염은 촉모觸毛라고 하는데, 눈썹과 입 위쪽의 수염, 입 가장자리의 수염, 볼 위의 수염 등이 모두 촉각 센서 구실을 하는 것이다. 평소 고양이가 부지런히 세수를 하는 것도 수염을 관리하기 위해서다.

고양이의 수염은 보통 체모보다 2배 정도 굵고 3배나 깊이 몸에 박혀 있다. 모근에는 변화를 예민하게 감지할 수 있는 고감도 센서가 있다.

고양이가 밥을 먹은 뒤에 깨끗이 수염을 닦는 것도 수염에 붙은 오염물질을 제거하기 위해서다. 보다 예민한 감각을 유지하려는 거다.

수염에는 여러 중요한 역할이 있는데, 대표적인 몇 가지를 살펴보자.

😺 거리 깊이 폭을 측정한다

좁은 틈바구니를 지나갈 때 통과할 수 있는지를 판단하는 것도 수염의 역할이다.

고양이는 주변 사물과의 거리를 신속하게 측정하여 좁은 곳에서도 얼마든지 부딪히지 않고 돌아다닐 수 있다. 또한 수염으로 공기의 진동을 느껴 다른 생물의 움직임을 재빨리 알아차릴 수 있다.

😺 높은 곳에서 평형감각을 유지한다

고양이가 높은 곳이나 좁은 장소에서도 평형감각을 유지할 수 있는 것은 멋진 수염 덕택이다. 만일 수염이 없으면 나무를 타기도 어렵고 고양이 타워의 제일 높은 곳에 자리를 잡고 앉을 수도 없다.

😺 생존에 중요한 눈을 지킨다

눈을 보호하는 것은 물론 입가의 수염이 아니라 눈 주변의 수염, 즉 눈썹이다. 눈썹은 눈꺼풀 신경과 연결되어 있어서 뭔가가 눈썹에 닿으면 순간적으로 눈을 감아 눈을 보호한다.

15 수염으로 말한다니까요

수염은 고양이의 기분을 이해하는 바로미터다. 다시 말해 고양이는 수염으로 자신의 감정이나 정신 상태를 표현한다. 자주 보게 되는 수염의 움직임과 거기에 담긴 고양이의 마음을 알아보자.

😺 수염이 곧게 서 있을 때

수염이 위를 향해 곧게 세워져 있을 때는 기분이 좋다는 증거. 활력이 넘치고 마음도 즐겁기 때문에 함께 놀아주면서 즐거운 시간을 보낼 수 있다.

😺 수염이 축 처져 있을 때

수염이 곧게 뻗어 있지 않고 축 늘어져 있을 때는 의욕이 없고 나른하다는 증거다. 활력이 넘치는 상태는 아니지만 그렇다고 기분이 나쁜 것도 아니므로 상황을 살펴가며 재미있게 놀 수 있다.

😺 수염을 크게 펼치고 있을 때

수염에 힘을 주어 얼굴 가득 펼치고 있을 때는 경계 모드에 돌입했다는 것을 뜻한다. 센서인 수염을 펼친 채 가능한 한 많은 정보를 수집하기 위해 잔뜩 긴장해 있는 것이다. 수염이 코 앞쪽으로 나올수록 경계심은 강해진다.

😺 수염을 앞으로 내밀고 있을 때

입을 부풀린 채 수염을 앞으로 내밀고 있을 때는 경계심이 한층 강화된 상태다. 전투 태세에 돌입하기 직전이라고 보면 된다. 상대도 똑같은 동작을 취하고 있다면 싸움이 벌어질 확률이 매우 높기 때문에 보다 세심하게 주의를 살피는 것이 좋다.

😺 수염이 볼에 붙어 있을 때

뺨에 수염이 착 붙어 있을 때는 완전한 만족감으로 긴장이 풀려 있는 상태다. 밥을 배불리 먹은 뒤에도 이런 상태가 된다.

🐾 수염이 옆으로 뻗어 있을 때

사람이 쓰다듬거나 털을 빗어줄 때 고양이의 수염은 옆으로 뻗는다. 기분 좋다, 기쁘다는 신호이므로 충분히 사랑을 주자.

16 고양이는 자기소개를 이렇게 한답니다

"나는 어떤 고양이와도 친해질 수 있다!"

자신만만하게 이렇게 말하는 사람들이 내세우는 비법이 있다.

"고양이와 친해지려면 집게손가락을 고양이 앞으로 내밀기만 하면 된다."

아닌 게 아니라 집에서 키우는 고양이에게 손가락을 내밀면 분명 흥미를 보이며 다가오기도 한다. 하지만 그런다고 고양이와 정말로 친해진 것일까?

고양이끼리는 코끝을 가까이 대고 킁킁거리면서 상대의 냄새를 확인하는 모습을 흔히 볼 수 있다. 처음 만난 상대의 입 주변 취샘에서 발산되는 냄새를 확인하려는 고양이 특유의 습성이다. 그러면서 "처음 뵙겠습니다. 잘 부탁해요"라며 자기소개를 하는 것이다.

이때 주의해서 봐야 하는 부분이 고양이의 귀다. 어떤 형태를 띠는지에 따라 고양이의 감정이 다르기 때문이다. 만일 서로 귀를 곧게 세우고 있다면 적의 없이 원만히 인사를 나누고 있다고 보면 된다.

반면 귀가 옆으로 누워 있거나 뒤로 당겨져 있다면 주의가 필요하다. 상대를 경계하고 있으며 긴장해 있다는 신호이기 때문이다.

이런 인사 습성 탓에 고양이는 코처럼 뭔가 튀어나온 것에 자신의 코를 갖다 대 냄새를 맡는다. 사람이 손가락을 내밀어도 똑같이 무의식 중에 코를 대고 냄새를 확인하는 것이다.

어디까지나 고양이끼리 인사하는 습성 때문에 그렇게 하는 것이지 상대에 대한 관심이 높아졌기 때문에 하는 행동은 아니다.

킁킁거리며 서로 냄새를 확인하는 행동은 수컷 암컷 가릴 것 없이 모두 하는데, 연구 결과에 의하면 서로 아는 고양이끼리보다는 낯선 고양이와 인사할 때 상대의 냄새를 확인하는 시간이 긴 것으로 알려져 있다.

만일 고양이가 길에서 서로 코를 가까이 대고 킁킁 냄새를 맡고 있다면 "안녕? 잘 지내?"라고 가볍게 인사를 나누고 있다고 보면 된다.

17 내 귀에는 안테나가 있다구요

고양이의 시력은 그다지 좋지 않지만 청력은 놀라울 만큼 뛰어나다. 고양이를 청각동물이라 부르는 것은 귀가 고도의 정밀 안테나처럼 작동하기 때문이다.

옛날부터 사냥을 하며 살아온 고양이는 어두운 숲이나 좁은 나무 틈바구니에서 먹잇감이 오기를 기다렸다가 덮치곤 했다. 그때 가장 필요한 것이 뛰어난 청력이다. 소리를 잘 들으면 다른 동물의 미세한 움직임을 알아차릴 수 있기 때문에 어두운 밤에도 얼마든지 먹잇감을 잡을 수 있다. 고양이의 귀가 예민하게 진화한 것도 그런 이유에서다.

일반적으로 인간이 들을 수 있는 소리는 20헤르츠에서 20킬로헤르츠 사이이다. 이에 비해 고양이가 들을 수 있는 소리는 30헤르츠~60킬로헤르츠나 된다. 인간의 귀로는 도저히 들을 수 없는, 초음파에 해당하는 20킬로헤르츠 이상의 주파수도 거뜬히 들을 수 있는 것이다.

이런 뛰어난 청력을 사용하면 사냥감이나 침입자의 기척은 쉽게 알아차릴 수 있다. 벌레가 날갯짓 하는 작은 소리는 물론 낙엽이 바스락거리는 소리, 벌레가 기어가는 소리까지도 잘 듣는다.

심지어 고양이는 종이가 찢어지는 소리도 기가 막히게 구별하는데 신문지인지, 복사지인지, 캣 푸드 봉지인지를 알아챌 정도다. 캣 푸드 봉지를 뜯자마자 고양이가 제일 먼저 달려오는 건 전혀 이상한 일이 아니다.

아무것도 보이지 않고, 아무 소리도 들리지 않는 곳을 고양이가 뚫어지게 응시하고 있을 때가 많다. 그럴 때면 사람은 듣지 못하는 어떤 소리를 고양이가 듣고 있다고 생각하면 된다.

18 사람 목소리 구별쯤이야

 고양이를 키우는 사람들은 외출했다가 돌아오면 무심결에 "다녀왔어"라고 말한다. 고양이가 눈에 보이지 않아도 인사부터 하게 된다. 신기하게도 고양이가 알아들었는지 한달음에 달려와서는 다리를 휘감는다.

 이런 고양이식 인사를 받고 나면, 얘는 역시 내 목소리를 알아, 내 말을 듣자마자 현관까지 마중 나오잖아, 라고 생각하게 된다. 그러면서 고양이에 대한 사랑이 한층 더 깊어진다.

 과연 고양이는 자신을 돌봐주는 사람의 목소리와 다른 사람의 목소리가 다르다는 것을 인식할까? 많은 사람들이 궁금해 할 텐데, 이에 대한 답은 '예스'다.

 최근 실험에서 고양이에게 여러 사람의 목소리를 들려준 뒤에 주인의 목소리를 들려주자 75퍼센트의 고양이가 특별한 반응을 보였다.

고양이 귀가 가진 놀라운 능력은 청력만이 아니다. 양쪽 귀를 안테나처럼 180도로 자유롭게 움직일 수 있다. 고양이의 귀는 좌우가 제각기 다른 방향과 각도로 움직이는데 그 모습을 보고 있으면 신기할 따름이다.

귀를 요리조리 다양한 방향과 각도로 움직이게 하는 부위는 귓바퀴다. 이곳에는 작은 근육이 많아 귀를 자유자재로 움직일 수 있다. 실제로 한 연구에 따르면 고양이 귀에 있는 근육은 인간의 것에 비하여 5배 이상 강해 오른쪽이든 왼쪽이든, 하물며 뒤쪽으로도 자유로이 움직일 수 있다고 한다. 물론 사람의 귀에도 근육은 있지만 대부분 움직이지 않는다.

청력에 관해 반드시 생각해 볼 게 하나 있다. 고양이 목에 방울을 달아주는 것 말이다. 귀가 예민한 고양이로서는 하루 종일 땡그랑거리는 방울소리가 고역이 아닐 수 없다. 방울을 달면 미아 방지 차원에서 도움이 되겠지만 스트레스가 이만저만 아닐 것이다. 그래도 굳이 방울을 달겠다면 가능한 한 작은 것을 고르는 게 어떨까.

19 귀를 보면 속마음을 알 수 있을 텐데

　고양이의 청력은 뛰어나지만 태어나자마자 곧 바로 그 능력을 발휘하는 것은 아니다. 청력은 생후 1개월 동안 급속도로 발달하는데 6일까지는 200~6000헤르츠의 소리를 감지할 수 있다. 생후 16일이 되기 전까지는 소리가 나는 방향을 찾을 수 있으며 이 무렵에 외이도外耳道가 완전히 형성된다. 생후 3~4주쯤 되면 다른 새끼 고양이나 사람의 목소리를 구분하여 들을 수 있다. 이때쯤에는 등을 동그랗게 세우고 캭캭 하는 소리를 내며 방어본능을 보인다. 아울러 귓바퀴가 고양이다운 형태를 갖추게 된다.

　고양이의 귀는 청력 못지않은 매력적인 표현력도 갖고 있다. 고양이가 무슨 생각을 하고 있는지 귀 모양으로 고스란히 드러내는 것이다. 때문에 귀 모양만 잘 살펴도 종잡을 수 없는 고양이의 진짜 마음을 어느 정도는 간파할 수 있다.

🐾 귀 앞이 바깥쪽을 향할 때

귀가 앞쪽을 향하면서도 앞부분만 바깥쪽으로 향할 때는 긴장을 푼 기분 좋은 상태다. 경계심 없이 느긋하게 있는 상황이므로 가만히 내버려둬도 좋다.

🐾 귀를 갑자기 쫑긋 세울 때

갑자기 귀를 쫑긋 세웠다면 어떤 소리가 신경에 거슬려 귀 기울이고 있는 상태다. 이때는 두리번거리며 어떤 기척을 찾으려고 한다.

귀를 안테나처럼 움직이는 모습은 멋있으면서도 왠지 야성적인데, 이때 큰 소리로 말을 걸거나 안아주는 것은 삼가자. 고양이는 이때 고도의 집중력을 발휘하는 중이어서 방해받고 싶지 않기 때문이다.

🐾 귀를 뒤로 당겨 아래로 기울일 때

전투 태세에 돌입해 언제든 싸울 수 있다는 신호다. 극도로 흥분해 있는 상태여서 말을 걸어도 귀에 들어오지 않는

다. 이 상태에서 더 나아가 콧등에 주름을 잡고 이빨을 드러내며 "우웃" "캭"하는 소리를 내 상대를 위협하기도 한다.

싸움을 피하기 위해서는 그 자리에서 벗어나는 게 가장 좋은 방법이지만, 자칫 잘못 손을 댔다가는 오히려 고양이에게 물리거나 발톱에 할퀴어질 우려가 있으니 주의해야 한다.

🐾 귀가 옆으로 누웠을 때

귀가 어정쩡하게 옆으로 펼쳐져 살짝 기울어 있을 때는 확신이 없어서 왠지 주저하는 상태다. 귀가 더 옆으로 기울어져 거의 수평이 되면 긴장감은 증가한다.

이때 귀 한 쪽을 움찔움찔 움직인다면 주위의 정보를 수집한다는 증거다. 주저하면서도 자신이 취할 다음 행동을 정하는 중이다.

🐾 귀를 계속 뒤로 기울이고 있을 때

기본적으로 귀가 뒤로 누워 있으면 기분이 별로 좋지 않은 상태다. 오랜 시간 그 상태가 이어진다면 꽤 화가 나 있거나 경계심이 발동하는 중이므로 스트레스가 쌓여 있을지 모른다.

이때는 무엇 때문에 고양이 기분이 나빠졌는지를 우선 확인하는 게 중요하다. 어쩌면 잘 보이지 않는 곳에 상처가 있거나 속이 좋지 않을 수 있다. 살며시 다가가 살펴보도록 하자.

😺 한 쪽 귀를 빙글빙글 돌릴 때

보이는 바와 같이 귀를 레이저 삼아 주변 상황을 탐색하는 중이다. 상황이 어떻든 간에 한 쪽 귀만 솜씨 좋게 움직이는 모습은 정말 볼 만하다.

20 눈에도 비밀이 담겨 있거든요

동그랗고 큰 고양이 눈은 보석과 흡사해 신비롭기까지 하다. 고양이 눈은 대부분 홍채가 차지하고 있어 흰자위에 해당하는 부분이 보이지 않는다. 고양이 눈은 온통 검은자위인 셈이다.

고양이의 눈 색깔은 멜라닌 색소의 양에 따라 결정된다. 색소가 많은 순서에 따라 적동색, 담갈색, 회색, 파란색 등 네 종류로 나뉜다. 크게 적동색과 파란색으로 나눌 수 있는데 적동색은 살쾡이 같은 산고양이에게, 파란색은 샴 고양이에게 많다.

옛날부터 좌우의 눈 색깔이 다른 고양이를 '금눈은눈'이라고 하여 행운의 상징으로 여겼다. 서양에서도 한 쪽이 노란색 계열이고 다른 한 쪽이 담청색인 고양이를 '오드 아이 odd-eyes'라고 하여 진귀하게 여겨왔다. 그러나 최근 연구에 따르면 좌우 눈 색깔이 다른 오드 아이 고양이 중 흰색 고양이는 파란 눈 쪽 귀의 청력에 문제가 있는 개체가 많았다.

고양이의 눈동자가 빛을 반사하면서 아름답게 빛나는 것은 동공이 매우 적은 빛을 받아들여 눈동자를 최대한 키우기 때문일 것이다. 고양이의 동공은 세로로 긴 원형으로 크게 열리는 게 특징이다. 동공 안쪽의 망막은 카메라에 비유하자면 필름에 해당한다. 여기에는 융단조직^{tapetum}이라는 반사판이 있어서 밤에도 눈에서 빛이 난다.

고양이 눈은 밤에도 잘 볼 수 있게 빛을 효율적으로 모은다. 인간이 필요로 하는 빛의 10분의 1만 있어도 사물을 볼 수 있다. 단, 빛을 너무 잘 흡수해서 밝은 곳에서는 지나치게 눈이 부셔 동공이 세로로 가늘어진다. 전형적인 고양이 눈이 되는 것이다.

그때 그때 동공의 크기를 결정하는 것은 주로 외부 밝기다. 여기에 어느 정도 감정이 반영되기 때문에 눈은 고양이를 이해하는 또 다른 열쇠가 되기도 한다. 자, 그러면 지금부터 눈에 담긴 고양이의 마음을 알아보자.

😺 눈을 가늘게 뜨고 있을 때

잠을 자는 게 아니다. 가늘게 실눈을 뜨고 있는 것은 매우 기분이 좋고 만족스럽다는 증거다. 고양이가 만족스러운 표정을 지으면 주인의 마음도 스스로 녹고 만다. 이렇게 가늘게 눈을 뜨고 있는 동안에 졸음이 몰려오면 그대로 잠에 빠지기도 한다. 잠이 들면 제3의 눈꺼풀이라고 불리는 순막瞬膜이 눈을 덮어 본격적으로 잠의 나라로 빠져든다. 이 순막이 나와 있을 때는 흰자위를 까고 있는 것처럼 보여 웃음을 유발하기도 한다.

😺 좌우 눈의 크기가 달라진다

눈을 부릅뜬 상태로 좌우 눈의 크기가 달라지기도 하는데, 불안이나 공포를 느끼거나 경계할 때 나타나는 모습이다.

낯선 곳에 갔을 때나 어떤 사람과 처음 만났을 때처럼 긴장하면 쉽게 나타나는 현상이다. 고양이 중에는 긴장했을 때 한 쪽 눈꺼풀만 감는 녀석도 있다.

😺 동공이 크게 열린다

어두운 밤에는 아주 적은 양의 빛이라도 흡수하기 위해

최대한 동공을 연다. 밤이 아니어도 놀라거나 공포를 느끼면 동공이 크게 열린다. 불안한 나머지 아드레날린이 분비되어 동공이 열리는 것이다.

😺 동공이 가늘어진다

빛의 양이 많은 낮에는 고양이의 동공이 가늘어지고 빛의 양이 적은 밤에는 동공이 동그랗게 되는데, 밤낮을 불문하고 동공이 가늘어질 때가 있다. 호전적인 상태에서 투지가 강해졌음을 드러내는 것이다. "자, 덤벼!"라고 말하듯 눈을 치뜨는데 눈이 부실 때처럼 동자는 가늘고 길어진다.

column 1

이토록 사랑스러운 고양이들

Abyssinian

🐾 아비시니안
큰 눈과 근육질로
유연한 몸이 특징이다.

Himalayan

🐾 히말라얀
파란 눈과
부슬부슬한 피모가
압권이다.

Siameze

🐾 샴 고양이
사파이어블루의 눈동자.
우아한 몸놀림.
부드러운 털이 매력적이다.

🐾 벵갈 고양이
근육질의 몸에
표범을 연상시키는 피모는
단연 눈길을 끈다.

Bengal

Russian Blue

🐾 러시안블루
동그란 회색 눈동자.
피모의 푸른 광택이
귀족적인 분위기를 풍긴다.

먼치킨
짧은 다리가 특징이며
점프나 나무타기를 잘한다.

아메리카 쇼트헤어
동그란 얼굴과 강한 턱,
짧고 촘촘하게 난 피모가 특징

스코티시폴드
앞으로 굽은 귀가
트레이드마크.

2장

내 행동을 이해하고 싶다구요?

21 타고난 부비부비 선수랍니다

TV를 보고 있거나 설거지를 하고 있을 때 고양이가 살며시 다가와 부비부비 머리를 문지를 때가 있다. 이렇게 친근하게 행동을 하면 '배가 고픈가?' 싶어서 밥을 줘야 하는 게 아닌가 고민하게 된다. 하지만 식사를 한 지 얼마 되지 않았으면 그럴 필요까진 없다.

고양이가 놀아달라고 응석을 부리는 건 아닐까? 그것도 아니면 대체 고양이는 무엇 때문에 다정하게 부비부비 몸을 문지르는 것일까?

가장 설득력 있는 설명은 자기 영역을 선포하는 '냄새 묻히기'다. 개가 산책 도중에 전신주나 가로수에 소변을 뿌려 자신의 냄새를 묻히는 것처럼 말이다. 고양이 역시 이러한 부비부비 마킹으로 자기 영역을 주장하는 습성이 있다. 물론 암컷보다는 수컷이 영역을 알리는 데 더 집착하지만, 암컷도 자신의 냄새를 여기저기에 묻히는 습성이 있다.

고양이는 자신의 냄새를 여러 곳에 묻힘으로써 안심하게 되고 '자신의 장소'에서 느긋하게 쉴 수 있다. 따라서 큰 피해나 부작용이 없는 한 너그럽게 봐주는 것이 좋다. 여러 마리를 키우는 경우라면 고양이의 마킹 행위도 덩달아 늘어나므로 주인은 다소 성가신 상황이 올 수 있다는 걸 각오할 필요가 있다.

결론적으로 고양이가 주인에게 다가와 자신의 몸을 문지르는 것은 단순한 응석이 아니며 자신의 소유물이라는 것을 마킹하는 행위다. 따라서 고양이와 한층 친해질 수 있는 기회이므로 화내지 말고 온화하게 지켜보는 것이 좋다.

냄새를 묻히는 뺨의 취샘 주변은 털 고르기의 중요 포인트이기도 하므로 고양이가 부비부비 문지르면 부드럽게 그 부근을 쓰다듬어주자. 기분 좋다며 흐뭇한 표정을 지을 것이다.

22 신문지한테도 질투가 나요

 간절하게 함께 놀고 싶어하는 것 같지도 않은데, 신문만 펼쳐 놓으면 어느새 다가와 그 위에 올라앉는 고양이가 있다. 그러고는 아무렇지도 않은 듯 태연히 털을 고른다. 생각 같아서는 제멋대로 구는 고양이에게 한 마디 따지고 싶다.
 "그런 건 딴 데 가서 하면 좋잖니. 왜 하필 여기서 이러는 건데? 너, 일부러 방해하는 거야?"
 하지만 고양이에게도 나름 할 말이 있을 것이다. 신문에 시선을 고정시키고 뭔가를 열심히 읽는 주인의 모습이 고양이 눈에는 서운하게 비쳤을지 모른다. 자신 이외의 대상에만 관심을 보이는 것 같기 때문이다. 말하자면 신문을 질투하는 것이다.
 "대체 뭐에 정신이 팔린 거야? 나랑 놀아주면 안 되나?"
 어쩌면 이런 심정이 아닐까? 어떻게든 주인의 관심을 끌기 위해 고양이는 신문지 위에 냉큼 올라앉는 것이다. 주인님의 관심을 가장 많이 받아야 하는 존재는 바로 자신이라는 마음에서 말이다.

그런데 주인이 조금 더 신경을 써서 상대해주면 고양이는 곧 언짢은 태도로 성가시다는 표정을 짓는다. 그래 놓고는 주인이 다른 데 관심을 보이면 언제 그랬냐는 듯이 '나랑 놀아줘'라는 신호를 보내며 치근댄다. 그야말로 제멋대로다.

그런데 참 이상하게도 자기중심적으로 행동하고, 마음 가는 대로 사는 그 점 때문에 우리는 고양이에 빠져들고 기꺼이 '집사'가 되려고 한다.

최근에는 신문에 올라앉는 대신 컴퓨터 키보드 위나 모니터 앞에서 훼방을 놓는 고양이도 많아졌다. 주인이 다른 일을 하지 못하도록 방해하는 건 똑같다. 고양이에게 "그만해"라며 물리치면 되려 놀아주는 것으로 착각해 돌연 흥분하는 고양이도 있다.

이럴 때는 머리를 부드럽게 쓰다듬어주고 나서 "지금은 놀 수 없다"며 거절한 뒤에 잠자리로 데려 가는 게 무난한 대응법이다.

여기서 잊지 말아야 할 중요한 점은 '방해하면 놀아준다'

는 생각을 갖지 않도록 하는 것이다. 고양이의 기분을 맞춰 주다 보면 점차 요구 수준이 높아지기 때문에 각별히 주의해야 한다. 인간 관계에서도 상대에게 휘둘리지 않으려면 적절한 거리를 유지해야 하는 이치와 다를 게 하나 없다.

23 왜 좁은 곳만 파고드냐구요?

모처럼 마음먹고 장만해 놓은 안락한 고양이 잠자리. 그런데 고양이는 눈길도 주지 않는다. 왠지 섭섭해진다. 한 술 더 떠 잠자리를 포장해온 박스에만 관심을 보인다. 아예 안으로 들어가서는 나올 생각조차 하지 않는 무심함이 야속하기만 하다. 고양이 키우는 사람이라면 한두 번은 이런 경험이 있을 것이다.

10년 전쯤 일본에서 희한한 고양이 사진이 인기를 끈 적이 있다. 작은 뚝배기에는 새끼 고양이가, 큼지막한 뚝배기에는 어미 고양이가 들어간 고양이 가족사진이 그것이다. 알고 보면 이 사진은 비좁은 곳으로 기어 들어가는 고양이의 대표적 습성을 잘 간파한 작품이다.

고양이가 환장하는 건 상자뿐이 아니다. 어떻게 들어갔을까 싶을 정도로 좁은 서랍에 몸을 구겨 넣기도 하고, 자기 몸보다 한참 작은 화장지 곽에 들어가 웅크리고 있기도 한다. 어이없는 짓도 참 잘한다 싶다.

이런 행동은 까마득한 과거에서부터 대대로 이어져온, 고양이 특유의 사냥 활동의 흔적이다. 좀 더 구체적으로 말하면 사막에서 생활하던 리비아고양이의 습성이 지금까지 이어지고 있는 것이다.

고양이의 선조들은 작은 곤충이나 쥐 같은 작은 포유류를 잡아먹으며 살았다. 때문에 몸집이 작은 동물들이 숨어 있을 법한 작은 구멍을 보면 본능적으로 피가 끓는다. 어떻게 해서든 들어가고야 말겠다는 충동에 사로잡힌다.

위험한 사막이나 숲에서는 자기 자신도 언제든 먹잇감이 될 수 있기 때문에 큰 동물이 들어오지 못하는 작은 구멍을 은신처로 삼기도 했을 것이다. 그러다 보니 좁은 공간만 보면 습관적으로 몸을 숨겨 스스로를 방어했을 것이다.

재미있는 것은, 작은 상자나 구멍 속으로 비집고 들어가면서도 머리만큼은 반드시 입구 쪽으로 향한다는 것이다. 언제든 도망칠 수 있도록 대비하기 위해서다. 주인이 덮고 있는 이불 속으로 들어와서도 머리를 밖으로 내밀고 있는 것 역시 그 때문이다.

비닐이든 종이든 봉지에서 바스락거리는 소리가 나면 고양이는 덮어놓고 그곳으로 들어가고 싶어한다. 그러고 보면 뭔가 소리 나는 것에 강하게 끌리는 것도 고양이의 독특한 특성이라고 할 수 있다.

24 저 높은 곳을 향하여

좁은 곳 말고도 고양이가 좋아하는 곳이 또 있다. 담장 위, 나무 위, 가구 위, 테이블 위다. 고양이 타워의 꼭대기처럼 높은 곳이다.

수렵생활을 해온 과거 습성이 여전히 남아 있어서 그런지 주변이 잘 보이고 외부의 적이 쉽게 공격해오지 못할 곳을 선호한다. 다시 말해 언제든 재빨리 위험을 알아차릴 수 있는 높은 곳을 본능적으로 선택하는 셈이다. 물론 벼룩이나 진드기 같은 해충으로부터도 안전하기 때문에 이래저래 높은 곳을 좋아하는 것이다.

한 가지 알아둘 게 있다. 강한 고양이일수록 높은 자리를 차지한다는 것이다. 길고양이는 그 영역의 보스가 가장 높은 담장 위를 장악하고는 근엄하게 잘난 척을 한다. 실내에서 여러 마리의 고양이를 키우는 경우에도 가장 강한 녀석이 고양이 타워의 맨 꼭대기를 점령함으로써 힘의 우위를 과시한다.

고양이가 가장 쾌적하게 느끼는 높이는 고양이 타워의 한도 높이에 해당하는 2미터까지다. 보통은 1미터 이내의 위치에 있지만.

높은 나무에 올라가는 고양이도 있는데, 기본적으로 나무는 잘 타지만 내려오는 데는 서툴다. 나무를 오를 때는 발톱으로 걸어서 올라가지만 내려올 때는 발톱을 세워 뒷걸음질하다가 마지막에는 크게 점프하여 착지한다. 어떤 때는 높은 곳에 올라갔다가 내려오지 못해서 "야옹 야옹" 소리를 내며 사람을 부르기도 한다. 고양이를 구조하는 것 역시 주인의 몫이므로 기꺼이 달려가 도와주자.

25 저, 물맛 까다롭거든요

 언제든 목이 마르면 고양이가 먹을 수 있도록 밥그릇 옆에 물그릇을 놓아두는 가정이 많다. 수돗물에 들어 있는 염소 성분이 고양이 건강에 좋지 않을까 봐 하루 전에 받아둔 물을 주거나 고양이용 미네랄워터를 준비하는 집도 있다. 음료수 하나라도 깐깐하게 골라 주려는 그 마음은 충분히 공감한다.
 그런데 고양이는 그런 마음을 몰라줄 때가 많다. 준비해둔 물은 먹지도 않고 굳이 수도꼭지에서 똑똑 떨어지는 물을 핥듯이 마시는 거다. 때로는 고여 있는 물이나 욕조에 남아 있는 물, 웅덩이의 물처럼 불결해 보이는 물을 맛있다는 듯 먹는다. 고양이의 사육 매뉴얼에는 분명히 '물은 늘 청결을 유지하고 매일 새 물로 갈아준다'고 적혀 있는데 말이다. 사랑하는 고양이가 가급적 깨끗한 물을 먹었으면 하는 마음이 고양이에게는 전해지지 않는 걸까?

 일껏 깨끗하고 몸에도 좋은 물을 준비해둔 주인 입장에선 속상하고 섭섭하다.

 아무튼 야생 고양이나 길고양이도 평소 웅덩이의 물을 마시지만 병에 걸리지 않고 건강하게 살아간다. 따라서 우리가 돌보는 고양이가 다소 비위생적인 물을 마신다고 해서 걱정하는 것처럼 그렇게 위험한 건 아니다.

 그나저나 고양이는 어째서 우리가 생각지도 못한 곳의 물을 마시는 것일까? 수돗물의 소독약 냄새나 식기에 묻은 중성세제의 냄새를 싫어하기 때문이다. 너무 차갑거나 뜨거운 물을 피하려는 것도 하나의 이유다. 물론 고양이의 취향은 천차만별이어서 모든 고양이에게 적용되는 건 아니지만.

 내가 정해 놓은 곳의 물을 먹게 하고 싶으면 몇 가지 시도를 해보자. 첫째, 그릇을 바꾼다. 둘째, 고양이 체온에 가까운 온도의 물을 준다. 셋째, 물그릇은 합성세제로 닦지 않는다.

 유용한 팁 한 가지 더. 물그릇을 토기나 나무, 유리처럼 자연소재로 바꿔주면 물을 잘 마신다. 다만 이 모든 배려를 받아들이고 말고는 고양이 마음에 달려있다.

26 창 밖을 보며 무슨 생각하냐고요?

고양이가 창가에 웅크리고 앉아서 물끄러미 바깥세상을 바라볼 때가 있다. 그 그림 같은 풍경을 바라보고 있으면 왠지 모를 쓸쓸함과 고요함이 느껴진다. 집에만 내내 갇혀 있어서 지루하겠구나, 얼마나 밖에 나가서 놀고 싶을까, 동정심마저 생긴다.

과연 고양이도 우리가 생각하는 것처럼 그렇게 느낄까? 인간의 관점에서 우리 마음대로 생각하는 것은 아닐까?

비록 고양이가 호기심 왕성한 동물이기는 하지만 적극적으로 밖에 나가고 싶어하는 건 아니다. 고양이가 망연히 창 밖을 바라보는 것은, 확 깨는 소리겠지만, 자신의 영역을 감시하기 위해서다.

창은 자신의 영역과 외부 세계를 가르는 경계선이다. 낭만적이고 상징적으로 의미를 부여할 대상은 아니다. 고양이는 창문을 통해 자신의 영역으로 침입자가 들어오지 못하도록 눈을 부릅뜨고 감시하고 있는 것이다. 쓸쓸함 따위를 느낄 겨를이 없다. 집 안에서 지내는 고양이 입장에서 보면 자신의 세계는 집 안이기 때문에 바깥 세계를 동경하거나 뛰쳐나가고 싶다는 생각은 하지 않는다.

창가에서 감시 활동을 하다 보면 종종 나비와 새가 날아오기도 하고 돌연 비가 내리기도 한다. 이처럼 매일매일 어떤 변화를 감지할 수 있으니 호기심을 충족시켜주는 최고의 전망 포인트가 아닐 수 없다.

'타고난 보초병'처럼 행동하는 고양이는 눈도 크고 밤에도 잘 보기 때문에 시력이 좋을 거라고 믿기 쉬운데, 결코 그렇지 않다. 고양이 눈의 수정체가 큰 것은 사실이지만 초점을 맞추는 근육의 기능은 낮아 시력이 그다지 좋은 편은 아니다.

정지해 있는 사물이 75센티미터 이내에 있으면 흐릿하게 보이고, 15센티미터 이내면 거의 보이지 않는다. 고양이 눈에 가장 초점이 잘 맞는 거리는 2~6미터다. 10~20미터 정도 떨어져 있으면 눈의 초점이 아예 작동하지 않는다고 보면 된다.

의외로 사람들이 잘못 알고 있는 사실도 있다. 고양이를 색맹으로 안다는 것이다. 고양이는 비록 인간만큼 선명하게는 아니지만 필터로 보는 만큼은 색조를 판단할 수 있다. 단, 빨간색은 감지하지 못한다.

27 더위에 약할까, 추위에 약할까?

'추운 날도 개는 즐거운 듯 마당을 뛰어다니지만, 고양이는 고타츠^{일본의 실내 난방장치}에 웅크리고 있다.'

일본 노래에 나오는 가사 내용이다. 노랫말에서 확인할 수 있듯이 일반적으로 고양이는 추위를 타고 개는 더위를 탄다는 인식이 널리 퍼져 있다.

그러나 고양이는 추위보다는 더위에 더 약하다. 고양이의 털은 매우 촘촘해 체온을 유지하는 데 매우 유리하다. 우리가 생각하듯 추위에는 그다지 약하지 않다는 말이다. 사람이 조금 쌀쌀하게 느끼는 정도의 날씨를 고양이는 가장 기분 좋게 느낀다. 늦가을이나 초봄처럼 바람이 쌀쌀한 계절을 좋아한다는 말이다.

고양이가 주변 온도를 가장 예민하게 느끼는 신체 부위는 코다. 불과 0.2도의 온도 변화에도 반응한다. 코 이외의 부위는 그다지 예민하지 않아서 체표온도가 51~54도가 되어도 견뎌낼 만큼 인내심이 강하다.

무더운 날 개는 헉헉거리며 숨을 쉬지만 고양이는 아무리 더워도 좀처럼 헐떡이는 모습을 볼 수 없다. 고양이가 더위에 강해서 그런 게 아니라 무리하지 않고 영리하게 체온을 잘 식히기 때문이다.

옛 속담에도 '서늘한 곳과 따뜻한 곳은 고양이에게 물어보라'는 말이 있을 만큼 고양이는 기분 좋게 지낼 수 있는 곳을 찾아내는 탁월한 능력이 있다. 실제로 여름철 한낮에도 바람이 잘 통하는 길목을 고양이는 귀신같이 찾아낸다. 서늘한 그늘에서 체력 소모를 피하며 낮잠을 즐긴다.

단, 외부 온도가 고양이 체온인 37도를 넘는 여름철에는 손바닥에 열이 모여 열중증_{비정상적인 고온으로 체온조절 기능이 떨어져 열을 원활하게 발산하지 못해 일어나는 병}을 일으킬 위험성이 매우 높다.

따라서 여름철에는 마실 물이 떨어지지 않도록 잘 챙겨주고, 고양이가 기분 좋게 지낼 수 있는 그늘을 만들어 주어야 한다. 에어컨을 이용하여 열중증이 되지 않도록 예방하는 것도 중요하다.

고양이는 특히 체모가 많아서 선풍기를 틀어줘도 체온을

낮추는 데는 그다지 도움이 되지 않는다. 따라서 고양이의 체온이 높을 때는 에어컨 바람을 적당히 활용하는 게 낫다.

28 아무 때나 꼬리치는 거 아니거든요

고양이는 노는 걸 좋아하지만 사냥의 명수이기도 하다. 그러다 보니 사람과 아무리 친숙해져도 야생 본능인 두 가지 기질을 버리지 않는다. 평소에는 얌전하고 점잖게 행동하다가 돌연 야성 넘치는 행동을 보이는 것도 그 때문이다. 그런 반전이 우리를 깜짝 놀라게 하지만 그 또한 고양이의 또 다른 매력이다.

이런 성향이 가장 두드러지게 나타나는 것은 강아지풀이나 작은 쥐 인형이 달린 낚싯대로 놀아줄 때가 아닐까. 물론 고양이 자신도 놀이라는 것을 분명히 아는 상황에서 사냥게임을 즐기는 것인데, 본능을 드러내는 걸로는 모자라는지 때로는 도전적으로 행동할 때도 있다. 그럴 때는 우리도 진지하게 고양이를 상대하는 것이 좋다.

이런 상황에서 고양이가 얼마만큼 진지한지 알려주는 척

도가 바로 꼬리의 움직임이다. 만약 꼬리가 움찔거린다면 매우 진지하게 사냥게임을 하고 있다고 보면 된다.

눈앞에 있는 사냥감을 목표로 정하고 나면 이내 머리는 낮추고 엉덩이는 치켜든 자세로 꼬리를 좌우로 움찔움찔 흔든다. 사정 거리에 들어온 먹잇감을 언제든 달려들어 잡겠다는 다이내믹한 모습이 아닐 수 없다. 움찔거리며 꼬리를 흔드는 이유는 단숨에 점프하여 상대를 사로잡을 타이밍을 재기 위해서다.

운동 부족 상태가 되기 쉬운 집고양이에게 이런 사냥놀이는 그야말로 스트레스 해소에 안성맞춤인 트레이닝이다. 이왕 놀아줄 생각이라면 고양이가 마음껏 야생본능을 발휘할 수 있도록 하는 게 좋다. 자연스럽게 본능을 발산하는 놀이를 통해 더욱 친해질 수 있으니 누이 좋고 매부 좋은 격이다.

이때 주의할 점은 어중간한 시점에 '자, 오늘은 여기까지 놀자'며 놀이를 중단해버리면 안 된다는 것이다. 오히려 욕구불만으로 이어져 정신상태가 불안정해지기도 하기 때문이다.

29 제 선물 받으시렵니까?

"이젠 제발 그만했으면 좋겠어. 글쎄 며칠 전에는 살아있는 베짱이를 물어왔지 뭐야."

고양이를 키우는 사람들 사이에 때때로 화제에 오르는 것이 고양이가 가져오는 선물이다. 고양이는 도마뱀, 쥐, 새 같은 사냥감을 물어와 자랑하듯 보일 때가 종종 있다. 그 선물을 어떻게 받아들여야 할까?

고양이가 왜 사냥감을 갖고 오는지에 대해서는 의견이 분분하다. 사냥감은 주인에게 주는 기쁨의 선물이라는 설, 자신이 사냥의 달인이라는 사실을 증명함으로써 칭찬을 받기 위해서라는 설, 주인을 사냥에 서툰 어린애라고 생각해 본보기를 보여주는 것이라는 설이 있다. 하지만 정확한 이유는 아직 똑부러지게 밝혀지지 않았다.

어떤 사람들은 주인을 기쁘게 하려고 사냥감을 가져온 것이니 절대 화를 내서는 안 된다고 말한다. 화를 내면 고양이가 마음의 상처를 받기 때문이라는 것이다. 이런 주장을 뒷받침할 근거는 사실 아무것도 없어 그 신빙성에 의문이 남는다.

그렇다면 어떤 식으로 받아들이는 게 타당할까? 사냥본능에 따라 사냥을 하기는 했지만 배가 고프지 않아 일단 사냥감을 보관하자는 차원에서 집으로 가져온 것은 아닐까?

사실 사냥감을 선물로 볼 수 없는 분명한 이유는 있다. 그것을 가져가려고 하면 맹렬히 화를 내며 다시 빼앗으려고 하기 때문이다.

아무튼 어미 고양이는 새끼들에게 사냥 수련을 시키기 위해 사냥한 것을 집으로 가져오는 습성이 있다. 하지만 선물은 수고양이도 가져온다. 때문에 그 선물을 육아 과정의 일환으로 보기는 어렵다.

30 깨작거리며 먹는 게 마음에 안 든다구요?

일본에서는 개처럼 고개를 처박고 와구와구 먹는 모습을 가장 나쁜 식사 태도로 꼽는다. 그럼 고양이처럼 먹는 건 어떨까? 그 역시 매너 없는 태도란 소리를 듣는 건 마찬가지다.

그렇다면 매너 없는 고양이 식사법이란 뭘 말하는 것일까? 한 번에 먹지 않고 시간을 두어 조금씩 여러 번 먹는 것을 말한다.

실험실에서 고양이가 마음 내킬 때 마음껏 먹을 수 있는 환경을 만들어 준 적이 있다. 그랬더니 하루에 10회 이상 조금씩 먹는 고양이가 많았다고 한다. 시간을 들여 마냥 먹는 게 고양이의 생리에 맞다는 걸 보여준 셈이다.

아주 먼 옛날 고양이의 선조인 리비아고양이가 그랬던 것처럼 작은 동물 하나를 사냥해 와서 먹고는 배가 고프면 다시 먹잇감을 사냥하던 습성이 여전히 남아 있기 때문이다.

이 같은 고양이의 습성에 맞춰서 한 번에 먹을 수 있는 만큼 소량의 먹이를 주고 다 먹으면 곧 그릇을 치우는 게 좋다. 비록 먹이가 조금 남아 있어도 그대로 두지 말고 치워버린다. 그릇에 먹이가 담긴 채로 놔두면 고양이가 가장 집착하는, 맛있는 냄새가 사라져 버리기 때문이다. 더군다나 고양이는 약간 배가 고파도 남은 밥을 먹는 일이 거의 없다.

하루에 소량의 밥을 여러 번 줄 수 있는 상황이라면 좋겠지만, 그럴 수 없다면 고양이가 한 번씩 건사료를 먹을 수 있게 자동급식기를 사용하는 것도 고려해볼 만하다. 자동급식기는 고양이가 한 번에 먹을 만큼의 양만 제공하기 때문에 위생적이기도 하다.

31 뜨거운 건 못 먹는다니까요

"내 혀는 고양이 혀라 뜨거운 건 질색이야."

"고양이가 뜨거운 거 못 먹어? 나도 그런데. 겨울에도 아이스커피만 마시거든."

이런 대화를 나누는 사람들을 가끔 볼 수 있는데 고양이 혀를 잘 몰라서 하는 소리다.

고양이는 뜨거운 것을 못 먹는다는 근거 없는 편견을 갖고 있는 사람이 많다. 장담컨대, 지구상의 포유류 중에 40도 이상 되는 뜨거운 것을 태연히 먹을 수 있는 동물은 없다.

야생동물은 불을 사용하지 않기 때문에 먹이의 온도가 아무리 높아봤자 그 땅의 기온 정도다. 육식동물이라면 먹잇감 체온보다 더 높은 것을 먹을 일이 없다. 따라서 포유류의 체온 상한온도인 40도가 넘는 먹이를 먹는 동물은 존재하지 않는다. 그렇게 보면 고양이뿐 아니라 개도 코끼리도 고릴라도 모두 고양이 혀를 갖고 있는 셈이다. 다만 음식을 조리하기 위해 불을 사용하는 인간만이 뜨거운 것을 먹을 수 있는 매우 희귀한 동물이라고 할 수 있다.

개는 본래 한꺼번에 왕창 먹는 먹보인데다 인간과 생활하면서 자연스럽게 뜨거운 것을 따라 먹다보니 다소 온도가 높은 음식도 참아가며 먹게 된 것이다. 막 구운 뜨끈한 빵도, 이가 시리도록 차가운 아이스크림도, 기꺼이 받아먹으며 인간과 살아온 결과다. 하지만 고양이는, 인간을 자신을 돌봐주는 존재로 생각하는 개와는 판이하게 다른 습성을 갖고 있다.

고양이를 비롯한 대부분의 동물은 뜨거운 것뿐 아니라 차가운 것도 잘 먹지 못한다. 자연계에는 냉장고 같은 게 없어서 극단적으로 온도가 낮은 먹잇감도 없기 때문이다.

고양이는 배가 조금 고픈 정도로는 냉장고에서 갓 꺼낸 차가운 음식에 그다지 식욕을 느끼지 않는다. 자신의 체온보다 온도가 낮은 음식에서는 식욕을 자극하는 맛있는 냄새가 나지 않기 때문이다. 실제로 캔에 든 습식 푸드는 일단 개봉하고 나면 냉장고에 보관하게 되는데 그것을 그대로 고양이에게 주면 먹으려고 하지 않는다.

만일 냉장고 속의 차가운 음식을 줘야 하는 상황이라면 적어도 30분 이상은 꺼내놓아 실온에 가까운 온도로 녹여주든지 전자렌즈로 살짝 데워주는 게 좋다. 음식의 온도가 체온에 가까운 40도가 되면 맛있는 냄새가 피어올라 자연스레 식욕을 자극하기 때문이다. 고양이의 미각이 가장 예민해질 때는 음식의 온도가 30도일 때인데 짠맛이나 신맛, 쓴맛을 잘 느낄 수 있다.

사실 '고양이 혀'라는 말이 세계 공통으로 사용되는 건 아니다. 고양이 혀를 영어로 표현하면 cat tongue인데 영어권에서는 '뜨거운 것을 먹지 못한다'는 의미의 말로 사용되지 않는다.

고양이의 혀에는 미각 외에도 다른 중요한 역할이 있다는 것을 기억해둘 필요가 있다. 까실까실한 게 혀에 돋아나 있어서 '브러시' 역할과 물을 마실 때 편리한 '국자' 역할을 한다는 것이다.

실제로 고양이가 혀로 손을 핥으면 까끌까끌한 감촉에 놀라게 되는데, 거기에는 매우 뛰어난 기능이 감춰져 있다. 혀에는 까실까실한 가시 형태의 돌기가 목을 향해 나있는데, 털 고르기를 할 때는 브러시가 되고, 밥을 먹을 때는 고기를 단단히 쥘 수 있는 포크가 되기도 한다.

깔끔한 성격의 고양이가 정성껏 털 고르기를 할 수 있는 것도 이 까끌거리는 혀 덕분이다. 마치 빗처럼 사용하기 때문에 몸에 묻은 더러운 것들을 제거할 수 있는 것이다.

또한 고양이는 물을 마실 때 수면에 생기는 물기둥을 국자 같은 혀로 순식간에 떠서 마시는, 매우 정교한 테크닉을 갖고 있다.

이 메커니즘이 밝혀진 것은 2010년이다. 불과 몇 년 전에 이 놀라운 사실이 발견된 것을 보면 고양이에게는 우리가 알지 못하는 미지의 영역이 많이 남아 있다는 것을 알 수 있다.

32 혀가 둔해요, 의외죠?

 고양이 혀가 음식 온도에 얼마나 예민하게 반응하는지도 궁금하지만 혀 고유의 기능이랄 수 있는 미각은 어떨까?

 인간의 혀에는 맛을 느끼는 미뢰세포가 있어서 짠맛, 단맛, 신맛, 쓴맛 등을 섬세하게 구별할 수 있다. 물론 고양이의 혀에도 미뢰세포가 있어서 맛을 느끼긴 한다. 하지만 맛을 예민하게 느끼는 부위는 혀 주변이다. 혀의 가운데 부분은 인간과 달리 섬세하게 맛을 느끼지 못한다.

 고양이의 미각은 예민할 거 같지만 뜻밖에 인간보다 둔한 편이다. 미식가의 혀를 갖고 있다고 말하기는 어렵다. 단, 쓴맛에 대해서만큼은 매우 민감하다. 특히 부패한 고기에 포함된 트립토판이나 아르기닌 같은 특정한 아미노산의 쓴맛에는 매우 예민하게 반응한다.

 쓴맛에 예민하기 때문에 식중독을 피할 수 있었을 테고

그 덕분에 수만 년 동안 살아남을 수 있었을 것이다. 지금도 고양이의 미각 센서는 쓴맛에 매우 예민해 부패한 음식에는 가까이 가지도 않는다. 어쩌면 고양이에게 '쓴맛'은 감각이 아니라 통증에 가까운지도 모른다.

고양이는 신맛에도 예민한 편이다. 부패한 음식을 경계하는 센서가 상당히 효과적으로 가동되는 셈이다. 신맛이 나는 먹이를 먹으면 즉시 '위험하다'는 신호가 작동돼 곧장 방어 모드로 돌입한다.

후각이 발달하다 보니 음식 맛을 보기 전에 향신료의 향이나 쓴맛의 자극적인 냄새에 거부반응을 일으키는 것이다.

특이하게도 고양이의 혀는 짠맛에는 둔감하다. 짠맛이 나는 음식을 덥석덥석 잘도 먹어 치우기 때문에 음식을 줄 때 유의해야 한다.

33 달달한 게 뭐예요?

 고양이에 관해 의외로 잘 알려지지 않은 사실이 있다. 고양이는 단맛을 못 느낀다는 것이다. 단맛을 느끼는 수용체를 갖고 있지 않아서 단맛에 전혀 반응하지 않는다.

 오랜 옛날부터 고양이가 주식으로 먹어온 날고기에는 거의 당분이 없다. 따라서 기나긴 세월 동안 육식을 해온 고양이로서는 당분의 단맛을 느낄 필요가 없었다. 단맛을 느끼는 세포는 점차 퇴화했고 급기야 단맛을 느끼지 못하게 된 것이다.

 반면 개는 고기를 비롯해 곡물과 과일 등 여러 종류의 음식을 먹었기 때문에 당분에도 예민하게 반응한다. 개의 혀에는 설탕에 반응하는 미뢰의 분포 비율이 매우 높아서 단맛 나는 과자를 보면 환장한다. 재미있게도 고양이가 전혀 반응하지 않는 단맛을 개는 가장 민감하게 받아들이는 것이다.

단, 고양이도 고기를 삶거나 육즙을 사용해 만든 수프는 매우 좋아한다. 고기를 푹 삶으면 단백질이 아미노산으로 분해되는데 그 맛은 인간의 혀에는 달착지근하게 느껴진다. 그러고 보면 고양이도 특정 아미노산은 달게 느낀다는 것을 알 수 있다. 그도 그럴 것이 이런 말을 하는 사람들이 종종 있다.

"우리 고양이는 단것을 너무 좋아해. 특히 케이크를 엄청 좋아해."

"우리 고양이도 아이스크림을 좋아해. 내가 먹고 있으면 달라고 조를 정도야."

하지만 이들 고양이는 단맛에 반응하는 게 아니라 크림에 포함된 지방분이나 버터 향에 관심을 보이는 것이다. 그래서 단맛밖에 없는 설탕에는 눈길도 주지 않는다.

34 노는 게 일이에요

고양이에게 놀이는 매우 중요한 일과다. 놀이는 스트레스를 해소해줄 뿐 아니라 몸에 적당한 자극을 주어 근육과 반사신경을 단련시키기 때문이다. 사람과 또는 다른 고양이와 놀이를 하면서 사회성을 익혀가다 보면 커뮤니케이션 능력도 키울 수 있다.

물론 인간도 고양이와 놀다 보면 기분이 좋아지고 마음의 긴장을 풀 수 있다. 그걸 고양이도 아는지 선심 쓰듯 인간과 놀아주는 일도 흔히 있다. 우리만 고양이를 위해 놀아주는 게 아니란 얘기다.

모처럼 고양이와 놀 수 있는 상황이 되었을 때 고양이도 인간도 충분히 만족할 수 있는 놀이 테크닉을 알아두는 게 좋다. 우선 놀이를 위한 핵심 수칙부터 살펴보자.

😺 놀기 전에 위험한 물건은 치워둔다

놀이를 하기 전에 주변에 위험한 것은 없는지 확인한다. 유리나 찻잔을 발로 차 깨뜨릴 수도 있으므로 미리 치워두거나 커버를 덮어 사고가 나지 않도록 주의한다.

😺 조명은 조금 어둑하게 켠다

고양이는 한낮보다는 조금 어둑해질 때 활발하게 움직인다. 방 안이 너무 밝으면 좀처럼 활동하지 않기 때문에 조명은 약간 어둡게 해둘 필요가 있다. 또 형광등이 깜박거리는 것을 싫어하는 고양이도 있으므로 백열등이나 LED 전구처럼 깜박이지 않는 조명을 고른다.

😺 고양이에게 주도권을 주지 않는다

놀이를 할 때는 사람이 먼저 "자, 놀자"라고 말한 뒤에 시작하도록 한다. 고양이가 시끄럽게 울어대 할 수 없이 놀이를 시작하게 되면 잘못된 습관으로 이어질 수 있다. '울면 놀아준다'는 것을 고양이가 자연스럽게 학습하게 돼 이후로도 더 큰 소리로 울며 놀아달라고 강요한다. 따라서 놀이는 반드시 주인이 먼저 말한 뒤에 시작하는 것으로 정한다.

🐾 고양이의 시각에 맞춘 배색으로

고양이 눈은 노란색과 파란색 계열의 색상은 식별할 수 있지만 그 외의 색은 분명하게 감지하지 못한다. 우리 인간이 보는 풍경과는 전혀 다른 것을 본다는 얘기다. 특히 빨간색 계열의 색상은 잘 보지 못하기 때문에 장난감을 고를 때 빨간색은 피하는 것이 좋다. 반대로 흑백은 또렷이 잘 볼 수 있으므로 축구공 같은 배색을 선택하는 게 바람직하다.

🐾 놀이는 배부르기 전에

고양이는 배고플 때 놀이에 좀 더 몰입한다는 사실이 최근 밝혀졌다. 공복일 때 사냥본능이 더 왕성하게 작동하기 때문일 것이다. 일부러 밥 때를 늦출 필요는 없지만, 조금 시장할 즈음에 놀아주는 게 잘 노는 요령이다.

🐾 끝낼 시간을 잰다

놀이에 몰두해 있을 때 고양이는 극도로 흥분한 상태가 되어 체내에 코르티솔이라는 호르몬을 다량 분비한다. 이 물질은 고양이의 사냥본능을 자극하는데 장시간 노출되면 피로를 느낀다.

따라서 놀이는 10~20분 정도가 적당하다. 고양이가 놀이를 멈춘 채 쉬는 모습을 보이면 놀이를 끝낼 타이밍이다. 파김치가 될 때까지 노는 게 아니라 조금 여력이 있는 상태에서 끝내는 것이 바람직하다.

😺 좋아하는 장난감을 만들어준다

고양이는 변덕스러워 그렇게 좋아하던 장난감에도 곧 질린다. 고양이의 그런 기질은 우리가 어떻게 할 수 없는 영역이므로 새로운 장난감을 마련해준다. 시간이 조금 흐르면 한번 싫증을 낸 장난감에도 다시 흥미를 보이므로 곧바로 버리지는 말자. 이미 싫증을 낸 장난감이라도 색을 바꿔주면 다시 갖고 놀기도 한다.

35 고양이 주인이면 이 정도 테크닉은 아셔야죠

"우리 고양이는 아직 애기인데 놀지를 않아."

"그래? 우리 고양이는 10살 할머닌데 지금도 장난감을 가지고 놀아."

고양이 주인들끼리 이런 대화를 주고받을 때가 있다. 무심히 넘기면 안 되는 대단히 중요한 대화가 아닐 수 없다.

고양이는 본디 왕성한 호기심에 사냥본능도 강한 동물이라서 놀이를 엄청나게 좋아한다. 가장 장난이 심한 시기는 2세 즈음까지다. 이 시기가 지나면 차츰 얌전해지고 놀이에 정신이 팔리는 빈도도 줄어든다.

그러나 놀이를 좋아하고 안 하고는 고양이의 나이보다는 성격에 달려 있다. 물론 고양이의 품종과 가정환경에 따라 차이가 나기도 한다.

최근 들어 단출한 신혼부부나 독신 가정에서 고양이를 키우는 경우가 많아지면서 낮에는 고양이 혼자 텅 빈 집을 지키는 일이 흔해졌다. 이렇게 실내에서 지내는 고양이에게 운동은 건강 유지를 위해서도 매우 중요하다. 평소 운동이 부족한 고양이의 스트레스를 해소해주는 것은 물론 비만 방지에도 도움이 되므로 시간이 허락하는 한 함께 놀아주자. 그런데 정작 놀아주고 싶어도 테크닉이 부족해 고양이가 충분히 만족할 만큼 놀아주지 못해 안타까울 때가 있다. 여기서 몇 가지 팁을 알아보자.

고양이는 산책처럼 지속적인 운동에 서툴다는 것부터 먼저 알아둘 필요가 있다. 따라서 짧은 시간이라도 열중할 수 있는 놀이가 운동으로 적당하다. 고양이는 선천적으로 사냥의 달인이어서 움직이는 장난감에 달려드는 습성이 있다. 따라서 장난감을 움직여주면 금세 관심을 보인다.

고양이의 사냥본능을 자극하면서 놀고 싶은 마음을 불러일으키는 소도구도 필요하다. 낚싯대형 장난감이나 작은 털북숭이 동물 장난감이 제격이다. 만일 시중에 판매되는 장난감에 그다지 흥미를 보이지 않는다면 간단한 소재를 이용하여 손수 장난감을 만들어보는 것도 좋다.

전단지나 헝겊을 가늘게 찢어 막대기 끝에 테이프로 고정하면 고양이용 총채가 된다. 이것으로 새의 날갯짓을 흉내 내면 당장 달려들 것이다. 또한 종이상자에 고양이가 드나들기에 적당한 크기의 구멍을 뚫어 장난감을 집어넣어주면 놀라울 만큼 흥분해 놀이에 푹 빠져든다.

놀이는 진지하게

36 모래로 왜 응가를 덮냐고요?

사람들은 고양이가 엄청 깔끔한 동물이라고 생각한다. 틈만 나면 혀로 몸 구석구석을 핥아 털을 고르고, 화장실에서 볼일을 본 뒤에도 모래로 덮어 보이지 않게 하기 때문이다. 이런 행동만 놓고 보면 깔끔한 동물이라는 인상을 갖기 마련이다.

그러나 모든 고양이가 볼일을 본 뒤 모래를 덮는 것은 아니다. 그렇다고 고양이도 칠칠맞지 못한 구석이 있네, 라고 할지 모르지만 꼭 그렇게 볼 일은 아니다.

고양이가 볼일을 본 뒤에 모래로 덮는 데는 그럴 만한 이유가 있다. 사실 고양이의 깔끔한 성격 때문이라기보다는 적에게 자신의 흔적을 감추기 위해서 그렇게 하기 때문이다.

그렇다면 볼일을 보고도 모래로 덮지 않는 건 왜일까? 적이 자신의 존재를 알아도 상관없다고 생각하는 것일까? 맞다. 정확히 말해, 자신이 있는 곳을 적극적으로 알리려는 것은 아니지만, 자신의 존재를 은근히 드러내려는 의도가 분명히 깔려 있다고 볼 수 있다.

그런 고양이는 보스 기질이 있어서 일부러 다른 고양이들의 시선이 닿는 곳에 볼일을 보고 버젓이 방치함으로써 '이곳은 내 영역이니 멋대로 드나들지 말라'는 경고를 보내는 것이다.

볼일을 보고 모래로 덮는 고양이는 그러면 자기 영역을 주장하지 않는 것일까? 그 또한 뭐라고 단정할 수 없다. 고양이는 모래를 덮으면서도 자신의 냄새를 완전히 지우는 게 아니라 흙에다가 어렴풋이 자신의 냄새를 풍겨 '여기는 내 영역이다!'라고 주장하기 때문이다. 좀 더 주의 깊게 관찰해보면, 모래 속에 완전히 묻지 않는다는 것을 확인할 수 있다.

실내에서 생활하는 고양이도 화장실에서 볼일을 본 뒤에는 모래를 덮는다. 인간이 자기보다 강한 상대라는 것을 인정하기 때문이다. 다시 말해 복종한다는 것을 그런 식으로 표현한다고 보면 된다. 만일 실내에서 키우는 고양이가 화장실에서 볼일을 마친 뒤 모래로 덮지 않고 그대로 방치한다면 주인을 자기보다 낮은 서열로 보고 있는 것일지도 모른다.

37 에휴, 목욕은 딱 질색인데

고양이를 키우는 사람이면 누구나 "고양이는 목욕을 싫어하지요?"라는 말을 수긍할 것이다. 평소 얌전한 고양이라도 목욕을 시키기 위해 욕실로 데리고 가면 맹렬히 저항하며 큰 소리로 울어댄다. 영리한 고양이는 주인의 행동만 보고도 곧 목욕을 하게 될 거라는 낌새를 알아차려 숨어버리기도 한다.

그렇다고 고양이를 더러운 족속이라고 치부하면 곤란하다. 이런 기질 또한 고양이의 DNA에 각인된 습성이기 때문이다.

기나긴 세월 동안 사막에서 생활해온 고양이는 체모가 물에 젖는 것을 극단적으로 싫어한다. 고양이의 선조에 해당하는 리비아고양이가 살던 곳은 낮과 밤의 온도차가 극심한 사막이라서 털이 젖은 채로 밤을 맞으면 위험해진다. 수분이 마르면서 체온을 낮추기 때문에 감기에 걸리는 것은 물론 목숨이 위태로운 사태가 벌어지기도 한다. 그러다 보니 물에 젖는 것을 극도로 꺼리게 되었고 지금까지도 고집스럽게 목욕을 거부하고 있는 것이다.

목욕을 하지 않아도 건강상의 문제는 거의 없다시피 하기 때문에 고양이가 목욕을 지독하게 꺼린다면 아예 씻기지 않는 것도 하나의 선택지가 될 수 있다.

그러나 고양이와 함께 생활하는 주인으로서는 아무래도 청결한 상태를 바랄 수밖에 없다. 만약 목욕을 시키겠다고 결정했으면 주저하지 말고 과감하게 단행하는 게 낫다. 목욕 중에 가여운 생각이 들어 멈칫멈칫하면 고양이의 불안감은 더 커진다. 따라서 타월이나 드라이어 등 필요한 물품을 미리 준비해두어 깨끗하고 신속하게 목욕을 끝마치는 데 신경을 집중한다.

목욕을 끝내고 털을 말리는 도중에 도망가는 고양이도 있기 때문에 주의가 필요하다. 특히 목욕 후에 체온이 낮아지면 감기에 걸릴 수도 있으므로 실내온도를 제대로 관리해야 한다.

38 고양이가 풀을 잘 먹는다고요?

최근 들어 동물병원이나 애완동물 숍, 대형마트에서 잔디처럼 생긴 풀을 파는 곳이 늘고 있다. 일명 '고양이 풀'이라고 부르는 것이다. 이를 처음 본 사람들은, 고양이도 비타민 섭취를 위해 야채가 필요한 거구나, 라고 생각할 테지만 사실은 그렇지 않다.

고양이에게 고양이 풀을 먹이는 이유는 따로 있다. 풀의 뾰족한 잎으로 소화기관을 자극해 뱃속에 쌓인 털 뭉치를 토해 내도록 하려는 것이다.

고양이는 식물을 섭취해도 단당류로 분해할 능력이 없다. 때문에 섭취한 풀은 소화되지 않은 채 그대로 위장을 자극한다. 이런 생리 작용을 이용하면 털을 고르다가 삼킨 털 뭉치를 토해낼 수 있다. 고양이 풀의 역할이 엄연히 따로 있는 거다.

"웩" 소리를 내며 고통스러운 듯이 풀을 뜯어먹는 고양이의 모습은 가엽기만 하다. 하지만 뱃속이 깨끗해지면서 장폐색 같은 질병을 예방하므로 마음에 둘 필요 없다.

　고양이 중에는 고양이 풀을 보고도 전혀 관심을 보이지 않는 녀석이 있다. 새끼 때부터 고양이 풀을 보거나 먹어본 경험이 없기 때문이다. 집에서 키울 때는 가급적 이른 시기부터 고양이 주변에 고양이 풀을 놔두어 평소에도 먹도록 하는 게 좋다.

　고양이 풀이 없다고 해서 몸 속에 쌓인 털 뭉치를 배출하지 못하는 것은 아니다. 고양이가 삼킨 털의 대부분은 대변과 함께 배설되고 뱃속 털 뭉치도 자력으로 토할 수 있다.

　집고양이가 시중에서 판매되는 고양이 풀로 털 뭉치를 토해내는 것과는 다르게 길고양이는 노지에 저절로 자란 벼과의 식물을 먹는 일이 많다. 하지만 고양이에게 유해한 식물도 많기 때문에 아무거나 먹어도 되는 것은 아니다. 먹어도 전혀 해가 되지 않는 고양이 풀 이외의 풀은 가급적 먹이지 않는 게 좋다는 말이다.

39 잠자리는 자꾸 바꿔줘야 한다구요

 조금 전까지만 해도 부엌 식탁 밑에서 자던 고양이가 어느 결에 서랍장 위에 올라가 잠을 잔다. 얼마 지나지 않았는데 이번에는 욕실 앞에서 몸을 동그랗게 말고 잠들어 있다.
 고양이는 이처럼 한 곳에서만 자는 게 아니라 이곳 저곳 빈번히 옮겨 다니며 잔다. 아무도 고양이의 잠을 방해하지 않는 데 말이다. 왜 그럴까?
 고양이의 몸이 환경변화에 민감하기 때문이다. 사람의 체온은 다소 변화가 있기는 해도 하루 동안 거의 일정하다. 그런데 고양이는 그 변화가 심해서 주위가 조금만 더우면 체온이 오르고 조금만 추우면 체온이 떨어진다.
 이 같은 체온 변화는 고양이를 지치게 만든다. 때문에 체력 소모를 최소화하기 위해 고양이는 늘 쾌적한 장소를 찾아다니는 것이다.

바쁘게 이리저리 움직이는 인간은 다소 환기나 채광이 나빠도 그러려니 하고 생활할 수 있지만, 고양이는 사소한 기온 변화도 민감하게 받아들인다. 창가에서 기분 좋게 자던 고양이가 해가 지고 바깥바람이 차갑다 싶으면 어느새 카펫이나 따뜻한 욕조덮개 위로 옮겨간다. 책을 읽던 사람이 소파에서 일어서면 그 위로 폴짝 뛰어오르는 것도 다 그 때문이다.

자유롭게 제멋대로 살아가는 것 같지만 이렇게 여러 정황을 살펴가며 자기 몸에 맞는 환경을 찾아내 생활하고 있는 것이다. 이런 고양이의 습성은 우리 인간도 참고할 만하다. 무더운 열대야로 잠 못 이룰 때, 조금 쌀쌀해서 잠이 오지 않을 때, 고양이가 어디서 잠을 자는지 보고 잠자리를 바꿔보자. 어쩌면 뜻밖에 편안하게 잠들지 모른다.

40 발톱 안 갈면 큰일난다니까요

고양이가 발톱을 가는 것은 피할 수 없는 본능적인 행동이다. 왜 발톱을 가는 거지, 라고 따질 필요는 없다. 본능이니까 말이다. 그러므로 우리가 할 일은 그저 적절하게 대처하는 방법을 찾는 것이다. 정해진 곳에서 발톱을 갈게 하려면 어떻게 해야 할까, 발톱으로 가구를 긁지 않게 하려면 어떻게 할까 등을 생각하는 게 낫다.

그러나 사람 심리는 그런 게 아니다. 고양이가 왜 발톱을 가는지 알고 싶은 게 정상이다. 몇 가지 이유가 있긴 있다. 오래된 발톱 표면을 제거해 늘 날카로운 상태를 유지하기 위해서, 발톱 주변의 취샘에서 분비되는 냄새를 물건에 묻혀 자신의 영역을 알리기 위해서, 나무나 헝겊을 뜯으면서 스트레스를 해소하기 위해서 등이다.

물론 발톱은 나무를 타거나 털을 고르거나, 라이벌과 결판을 낼 때도 없어서는 안 되는 무기이기 때문에 평소에 부지런히 손질해 깨끗한 상태를 유지하려는 것이다.

문제는 제대로 발톱갈이를 교육시키지 않으면 집안 곳곳이 너덜너덜해진다는 것이다. 때문에 가급적 어릴 적부터 발톱갈이를 어디서 해야 하는지 가르쳐야 한다. 이미 다 커서 데려온 고양이라도 생활규칙을 잘 가르쳐주면 정해진 장소에서 발톱갈이를 한다.

고양이의 발톱갈이는 수직으로 세워진 것과 수평으로 눕혀놓은 것이 있다. 각자 키우는 고양이가 어떤 타입을 좋아하는지부터 알아본다. 기본적으로 고양이가 좋아하는 발톱갈이가 있다. 30센티미터 이상의 높이에 단단히 고정시켜서 체중을 실어도 움직이지 않는 게 좋다. 또 발톱에 적당히 걸리는 소재를 감은 것이어야 한다.

발톱갈이를 고양이의 잠자리 근처나 즐겨 찾는 곳에 놔뒀는데도 계속 다른 곳에서 발톱을 간다면 다른 수단을 생각하지 않을 수 없다. 일단 준비해둔 발톱갈이 기구를 가져와 발톱에 갖다대거나 주인이 정한 발톱갈이 장소로 고양이를 데리고 간다. 이렇게 하면 발톱갈이를 하는 장소가 정해지기도 한다. 물론 고양이가 내켜 하지 않을 때도 있다. 이 모든

게 여의치 않으면 발상을 뒤집어 기둥 자체에 발톱갈이 기구를 세워놓거나 기둥에 모포나 마끈을 감아 발톱 가는 장소로 만드는 것도 한 방법이다. 이 방법은 인테리어를 망칠 수 있기 때문에 사전에 가족의 동의를 구할 필요가 있다.

원하지 않는 장소에서 고양이가 발톱갈이를 한다고 해서 화를 내거나 때리면 안 된다. 화를 낸다고 상황이 달라지는 건 아니므로 차분히 대응하자.

발톱갈이 기구는 소모품으로 1년쯤 사용하면 완전히 너덜너덜해진다. 고양이가 한 마리면 빨리 상하지 않을지 모르지만, 여러 마리면 1년에 한 번 정도는 교체해주자. 발톱갈이는 그리 비싸지 않지만 근처 공방에서 직접 만들어보는 재미도 있다. 최근에는 목재를 구해 끈이나 마 같은 헝겊을 감거나 나무상자를 조합해 만들기도 한다. 나만의 개성을 살린 발톱갈이를 직접 만들어 보기로 하자.

😺 개성만점 발톱갈이 만들기

- **재료** : 작은 종이상자 2개(1개는 장방형), 공작용 접착제, 칼
- **만드는 방법** :

  ① 장방형의 종이상자를 토대로 하여 아래서 5센티미터 지점을 가로로 잘라 높이 5센티미터의 상자 모양으로 만든다.

  ② 남은 상자는 폭은 5센티미터, 길이는 ①의 상자 폭에 맞춰 잘라놓는다.

  ③ 상자를 가늘게 자른 것(②)을 ①의 상자에 접착제를 바르고 넣는다.

  ④ 종이상자의 들쭉날쭉한 면이 겉으로 드러나도록 빽빽하게 채우고 완전히 마르면 완성.

41 아무 때나 쓰다듬지 마세요, 쫌!

　고양이는 목과 등을 부드럽게 쓰다듬어주면 흐뭇해 하면서 기분 좋은 얼굴을 한다. 그러다가도 돌연 쓰다듬던 손가락을 공격해 황당할 때가 있다. 조금 전까지만 해도 눈을 가늘게 뜬 채 주인의 부드러운 손길을 만끽하던 녀석이 갑자기 돌변하여 이빨로 물다니……. 참 알다가도 모를 놈이다 싶어진다.

　하지만 괜히 그러는 게 아니다. 고양이를 쓰다듬어 줄 때 기분 좋게 느끼는 부위가 따로 있기 때문이다. 목과 이마, 귀 등이다. 잘 기억하기 바란다. 공교롭게도 이런 부위는 쾌감을 느끼는 곳이기도 하지만 공격을 받았을 때 치명적인 급소가 되기도 한다. 그러다 보니 고양이의 내면에는 안도감과 경계심이 공존하는 것이다.

　고양이는 쓰다듬는 방식이 마음에 들지 않거나 어딘가 아파서 경계심에 불이 켜지면 돌발적으로 공격 동작을 취한다. 이런 행태를 '애무 유발성 공격행동'이라고 한다.

그런데 이런 공격은 느닷없이 이뤄지는 게 아니라 반드시 어떤 전조 증상을 드러낸다. 주의 깊게 고양이의 모습을 살펴본 적이 있다면 공격을 하기 전에 취하는 좀 이상한 행동을 알아차린 경험이 있을 것이다.

따라서 맨 먼저 주목할 것은 고양이의 귀와 동공 상태다. 귀가 옆으로 향하고 쫑긋 세워졌거나 동공이 커졌다면 위험 신호를 보내는 것이니 고양이에게서 슬며시 떨어지는 게 낫다. 고양이도 자신을 사랑해주는 사람에게 상처를 주고 싶지는 않을 테니 가급적 이른 시기에 이런 조짐을 알아차려 미연에 사고를 막도록 하자.

사람이 쓰다듬어주는 손길을 기분 좋게 느끼는 것은 20분 정도란 것도 기억해두자. 스킨십을 즐기는 것도 그 선에서 그만두는 게 좋다. 무엇이든 과하면 화를 부른다.

42 낯선 곳은 정말 싫다니까요

 고양이는 경계심이 매우 강한 동물이다. 여행을 가기 위해 고양이를 펫호텔이나 친구네 집 같은 낯선 곳에 맡겨 보면 단박에 그걸 확인할 수 있다.

 아마도 첫날엔 아무것도 먹지 않고 화장실조차 가지 않은 채 그저 가만히 웅크리고 있는 모습을 볼 수 있을 것이다. 낯선 장소로 옮겨지면 고양이는 대개 이런 반응을 보인다. 현재 자신이 거처하는 곳이 안전한지 그렇지 않은지를 판단하기 위해서다.

 물론 고집스러운 고양이는 다음날까지도 꼼짝하지 않은 채 밥도 안 먹고 화장실도 가지 않는다. 그러다가 이곳은 안심할 수 있는 곳이구나, 하고 확신하는 순간 돌연 화장실에서 볼일을 보고 밥도 덥석덥석 먹기 시작한다. 굶는 것은 그럴 수 있다고 하더라도 이틀 동안 화장실도 안 갔으니 얼마나 힘들었을까, 라고 생각할 텐데 반드시 그런 건 아니다.

 비록 이틀 동안 화장실을 한 번도 가지 않아도 소변의 양은 평소와 별반 차이가 없기 때문이다. 인간은 오랫동안 소변을 참으면 방광에 많은 양의 소변이 모여 평소보다 많은 양을 배설한다. 그런데 고양이는 이틀이나 볼일을 보지 않았는데도 어째서 오줌의 양이 증가하지 않는 것일까? 아직 명확히 밝혀진 건 아니지만 신변에 위협을 느낄 때 신장의 오줌 생성 기능이 작동하지 않는 게 아닐까 싶다.

 고양이는 환경변화에 매우 민감한 동물이다. 밖에서 키우던 고양이를 집 안에 들여놓거나 새로 이사한 집으로 데려오면 침대 밑에 웅크린 채 숨어서 나오지 않는다. 물론 주인에게도 다가가려 하지 않는다. 이때는 고양이에게 뭔가를 하라고 억지로 강요하기보다는 안심할 때까지 여유로운 마음으로 기다려주는 게 낫다.

43 냉랭한 사람이 차라리 더 좋아요

 개는 자기를 좋아하는지 싫어하는지 본능적으로 안다. 자기를 좋아해주는 사람은 잘 따르지만 싫어하는 사람을 향해서는 마구 짖는다. 호의적인 상대에게는 자신도 호의를 갖고 대하는 것이다.

 그러나 고양이는 좀 다르다. 고양이 가운데는 자신을 싫어하거나 자신이 무서워하는 사람에게 굳이 다가가 머리나 몸을 비비기도 한다. 경계심이 강한 고양이가 먼저 다가간다는 게 의아하겠지만 고양이를 좋아하는 사람들에겐 그런 상황이 부러울 따름이다. 그도 그럴 것이 고양이는 자신을 열렬히 부르며 아는 체 하는 사람은 그다지 좋아하지 않기 때문이다.

 자신을 싫어하는 사람에게는 다가가고 자신을 좋아하는 사람은 오히려 외면하는 고양이의 습성은 쉽사리 이해하기 어려운데, 대체 왜 이러는지 궁금할 것이다.

사실 그 비밀은 강한 경계심에 있다. 고양이는 누군가 자신을 계속 바라보는 것을 극도로 꺼린다. 동물의 세계에서 누군가 자신을 응시한다는 것은 위협하는 것과 다르지 않기 때문이다. 몸집이 자신보다 큰 인간이 "귀엽다" "이리 와봐" 하면서 계속 바라본다면 고양이로서는 엄청난 압박감을 느낄 것이다.

그러나 고양이를 싫어하는 사람은 애써 시선을 외면한다. 어쩌면 고양이는 그런 상황을 '이 사람은 날 위협하지 않네. 안심할 수 있는 상대니까 좀 놀아볼까' 하는 느낌으로 다가가는 것일지 모른다.

따라서 낯선 고양이가 다가오길 바란다면 적극적으로 다가가지 않는 게 더 유리할지 모른다. 차라리 자연스럽게 다가가서는 모른 척하는 건 어떨까. 고양이도 그런 사람이라면 안심하고 마음을 줄지 모른다.

column 2
고양이도 한때는 신앙의 대상이었다니까요

고대 이집트에서 고양이는 신앙의 대상이었다. 벽화로 그려놓거나 미라로 만들어진 고양이가 대량으로 발굴되는 것만 봐도 알 수 있다. 고양이를 키우기 위한 신전이 있었으며 젊은 여성이 그 신성한 고양이들을 돌봤다.

평범한 가정집에서도 키우던 고양이가 죽으면 집안 식구들이 모두 눈썹을 밀고 상복을 입었다고 한다. 곡물 저장고에도 고양이를 두었는데, 행동거지가 깔끔하고 쥐 사냥꾼으로도 뛰어난 능력을 발휘했으니 이래저래 고양이는 매우 귀한 동물이었던 셈이다.

고양이는 세계 각지에서 인간을 돕는 역할을 했다. 스코틀랜드에서는 위스키 술통을 지키는 '위스키 캣'이 있었고 일본에서는 누에 시렁을 노리는 쥐를 고양이가 퇴치했다.

아이러니인 것은 인간에게 도움을 주던 고양이를 중세 유럽에서는 '마녀의 하수인' 또는 '악마의 앞잡이'로 몰아 박해했다는 점이다. 고대 이집트에서는 신성한 생물로 숭배되었는데 어째서 이런 일이 벌어진 것일까? 고양이가 자아내는 알 수 없는 신비로움이 그 원인일지 모른다. 혹시 인간의 마음대로 통제되지 않는 그 반역성 때문은 아닐까?

3장
고양이와 처음 사귄다구요?

44 개하고는 천지차이랍니다

반려동물이라고 뭉뚱그려 말하는 동물이 최근 들어 다종다양해졌다. 토끼를 비롯하여 햄스터, 날다람쥐, 뱀, 박쥐, 돼지에 이르기까지 참으로 다양한 동물이 우리의 삶 속에 들어와 있다.

하지만 가장 보편적인 반려동물은 아무래도 고양이와 개다. 이들은 오랜 세월 인간과 함께 살아오면서 많은 도움을 주기도 했는데 서로 달라도 너무 다르다.

그 중 하나가 개는 사람과 주종 관계를 형성하지만 고양이는 그렇지 않다는 것이다. 흔히 개는 끈이나 사슬로 묶어 둔다. 집 안에서는 자유로이 지내게 하지만 외출할 때는 반드시 줄에 묶는다.

그럼에도 개는 인간의 명령을 기쁜 마음으로 따른다. 그런 까닭에 여러 가지 훈련을 통해 맹인견, 경찰견, 구조견으로 활용하기도 한다. 결국 개는 훈련에 의해 우리 인간이 원하는 역할을 수행할 수 있는 존재다.

고양이는 어떨까? 우선 사슬이나 끈에 묶이는 고양이는 별로 없다. 고양이는 언제나 자유롭다. 훈련을 거쳐 특별한 역할을 부여받는 고양이도 거의 없다. 고양이가 인간에게 해를 끼치는 쥐를 잡는 것만 해도 인간을 위해서라기보다는 그런 본능을 갖고 있기 때문에 그러는 것이다.

그런데도 "우리 고양이에겐 이런 재주가 있다"거나 "이런 재주를 가르쳤다"고 말하는 사람이 종종 있다. 그러나 사실은 주인의 명령을 순순히 따랐다기보다는 그것을 하면 주인이 기뻐하면서 먹이를 주거나 쓰다듬어 주기 때문에 했을 뿐이다.

간단히 말해, 고양이는 사람의 명령을 따르는 것이 아니라 그저 그렇게 하면 자신의 기분이 좋아지기 때문에 하는 것이다. 개는 인간을 위해 행동하지만 고양이는 자기 자신을 위해 행동할 따름이다. 구속받지 않으려는 그런 태도가 가끔은 얄밉지만 고양이를 사랑할 수밖에 없게 하는 매력일지 모른다.

45 너무 매정하다고요?

사이 좋은 고양이들을 보고 있으면 왠지 모르게 마음이 평온해진다. 그래선지 고양이도 사람과 마찬가지로 부모 자식이나 형제, 친구들과 정으로 묶여 있다고 생각하기 쉽다.

사실은 그렇지 않다. 기본적으로 고양이는 홀로 행동한다. 가족이나 무리를 일절 만들지 않는다. 단독생활을 하는 동물이라는 말이다. 물론 사자는 유일하게 가족을 형성하여 무리로 행동하는 예외적인 고양이과 동물이다.

그렇다면 부모 자식 사이가 애틋한 고양이, 비록 혈연관계는 아니지만 평온하게 살아가는 고양이, 이들은 어떻게 설명할 수 있을까?

단지 고양이끼리 서로 잘 맞기 때문이다. 고양이에게는 본디 가족이라는 개념이 없다. 물론 어미는 막 태어난 새끼 고양이에게 젖을 물리며 여러 모로 돌봐주지만, 아비 고양이는 새끼 양육에 일절 관여하지 않는다. 어미 고양이도 새끼가 성적으로 성숙하면 둘의 관계를 그대로 끝낸다.

새끼가 다 자란 후에도 사이 좋게 지낼 수는 있다. 하지만 새끼가 수컷이면 어미와 교미를 하기도 하고 암컷이면 교미할 수고양이를 차지하기 위해 어미를 자신의 영역에서 쫓아내기도 한다.

떨어져 지내던 새끼를 오랜만에 만나게 하면 어떨까? 인간 같으면 비록 떨어져 있었어도 혈연으로 맺어진 모자 사이라 애틋해하고 응석부리며 기뻐할 것이다.

그러나 어미 고양이는 새끼가 성숙해지면 인연을 끊기 때문에 자신의 영역에 들어온 적이라고 인식해 위협하거나 공격한다.

인간이 생각하는 가족이나 모자 관계는 고양이에게 적용되지 않는다. 따라서 모자지간이거나 형제지간인 고양이의 사이가 나쁜 것을 보고 매정하다고 말하는 것은 적절하지 않다.

46 제가 정말 생선을 좋아할까요?

대다수의 사람들은 고양이가 좋아하는 것은 생선이라고 생각한다. 쌀밥에 가다랑어포 얹은 것을 일본인은 '고양이밥'이라고 부르는데, 고양이가 생선을 몹시 좋아한다는 전제에서 나온 말이다.

그러나 한 번만 곰곰이 생각해보자. 고양이는 어떻게 생선을 잡았을까? 고양이가 좋아하는 참치나 전갱이를 육지에 사는 고양이가 과연 잡을 수 있을까? 난센스다.

그럼 고양이가 생선을 좋아한다는 생각은 왜 우리 뇌리에 강하게 박힌 것일까? 우리 인간이 오래 전부터 생선을 먹어 왔기 때문이다. 육식동물인 고양이는 동물성 단백질을 섭취하지 않고는 살아갈 수 없기 때문에 인간이 먹이로 주는 생선에 의존할 수밖에 없었던 것이다.

고양이가 제일 좋아하는 것은 무엇일까? 이 질문의 답은 쥐다. 사랑스러운 표정으로 우리의 마음을 치유해주는 고양이가 쥐를 머리부터 와작와작 씹어 먹는 모습 따윈 상상도 하기 싫을 테지만, 이것은 엄연한 사실이다. 고양이는 생선회나 가다랑어포, 구운 생선보다도 쥐를 최고로 맛있다고 생각한다.

고양이의 입 안을 본 적이 있는가? 고양이의 이빨은 전부 30개 정도 있는데 죄다 칼처럼 날카롭다. 이 날카로운 이빨로 먹잇감의 급소를 물어 단숨에 숨통을 끊는다. 인간의 어금니는 절구처럼 짓이기는 기능을 하지만, 고양이는 먹잇감을 날카로운 이빨로 찢어 그대로 삼킨다. 캣 푸드를 얌전히 먹는 고양이를 보면 도저히 상상할 수 없는 모습이지만, 알고 보면 그것이 바로 고양이 본연의 모습이다.

47 사료 맛에 질린 거라고요?

"얼마 전까지도 그렇게 잘 먹었는데 요즘 들어 잘 먹지 않아요. 우리 고양이는 금방 질리는 타입인가 봐요. 다른 걸 먹고 싶어서 그러나?"

이렇게 말하는 사람이 있는데, 크게 오해하는 부분이 있다. 고양이가 먹던 사료에 곧 싫증을 내고 다른 것을 원하는 건 아니다.

고양이는 염분을 좋아하여 짠맛이 나는 것이면 무엇이든 상관하지 않고 기쁘게 덥석덥석 먹는다. 문제는 염분이 심장이나 신장에 큰 부담을 준다는 것이다. 어떤 사람은 고양이에게 버터 바른 빵을 주기도 하는데, 그러다 보면 아무래도 염분을 과잉섭취하게 된다.

염분을 지속적으로 섭취하면 몸이 위험신호를 보내 짠 음식을 받아들일 수 없게 된다. 예전처럼 덥석덥석 받아먹지 않게 되는 것이다. 그것을 오해해 "이런 맛에는 질렸나봐"라고 말하는 것이다.

만일 특정한 푸드를 먹지 않는다면 질렸다고 생각하지 말고 고양이에게 안 좋은 성분이 들어 있는 건 아닌지 확인해 볼 필요가 있다.

고양이 간식에 김을 구워 얹어주는 사람도 있는데, 결코 좋지 않다. 김에 풍부하게 들어있는 마그네슘을 과잉 섭취하면 방광에 결석이 생기기 때문이다. 수고양이의 경우 요도가 결석으로 막히면 목숨이 위태로운 사태가 벌어지기도 한다.

우리는 고양이가 맛있게 먹으면 좋은 먹이라고 생각하기 쉽다. 그러나 사람도 맛있는 것만 먹으면 비만이 되거나 병에 걸리기 쉽다. 맛있게 먹는 것과 건강에 좋은 것은 별개의 것이다. 우리가 고양이에게 주는 먹이는 어디까지나 쥐 대용품이다. 그 사실을 분명히 기억해 두자.

48 내 영역도 존중해주면 안 되나요?

고양이를 키울 때 우리가 이해하고 존중해줘야 하는 게 있다. 바로 '영역'이라는 것이다. 영역이란 고양이가 '여기부터는 내 영역'이라고 생각하는 범위다.

고양이는 자신이 안전하게 먹이를 얻을 수 있고, 안심하고 번식할 수 있는 곳을 확보하며 살아간다. 이것을 분명히 보장해주지 않으면 고양이는 불안한 마음으로 지내게 된다.

실내에서 한 마리만 키울 때에도 영역은 분명히 존재한다. 따라서 새로운 고양이가 들어오면 터줏대감으로 살던 고양이는 자신의 영역을 빼앗기지 않으려고 신입 고양이를 쫓아내려고 한다. 심지어 창 밖에 낯선 고양이가 태연히 지나가는 모습을 보고도 자신의 영역이 침범당하지 않을까 싶어 안절부절못하기도 한다.

여러 마리의 새끼를 함께 키울 경우에도 마찬가지다. 점차 성장해 가면서 상대적으로 강한 고양이가 자기 영역을 주장하며 다른 고양이를 위협하거나 싸움을 걸기도 한다.

그렇다면 돌봐주는 사람 없이 밖에서 살아가는 길고양이는 어떨까? 물론 그들에게도 영역이 있어서 그 안에서만 먹이를 구하고 교미를 한다.

그러나 바깥 세상에서는 수많은 고양이가 자기 영역을 갖고 있어서 다른 고양이와 영역이 겹쳐지기도 한다. 그러다 보니 자신의 영역 안에서 다른 고양이가 가로질러 가기도 한다. 그러면 영역을 지키기 위해 싸움이 벌어지고 강한 고양이에게 쫓긴 고양이가 황급히 도망치다가 사고를 당하기도 한다.

밖에서 생활하는 길고양이는 실내에서만 생활하는 집고양이에 비해 그다지 오래 살지 못하는데, 영역 다툼을 하다 죽는 일이 많기 때문이다.

결국 고양이에게 자기 영역을 지킨다는 것은 살아가는 행위 그 자체라고 해도 과언이 아니다. 우리 인간이 무엇보다 먼저 반드시, 분명히 이해해야 하는 것이 바로 영역이다.

49 고양이는 몇 식구가 좋냐구요?

앞에서 고양이는 영역을 중요하게 생각한다고 했다. 그렇다면 여러 마리를 함께 키우려고 할 때는 몇 마리가 좋을까?

아무래도 식구가 많으면 많을수록 영역 다툼은 치열해진다. 충분히 큰 실내공간에 정원까지 꽤 넓다면 고양이 각자가 넉넉하게 제 영역을 확보할 수 있겠지만 일반적인 주택에서는 가능한 일이 아니다.

고양이는 기본적으로 교미할 때 외에는 단독행동을 한다. 따라서 한 마리를 키우면 영역 다툼도 일어나지 않아 평화롭게 지낼 수 있다. 그러나 두 마리만 키우려 해도 그게 마음대로 되지 않는다. 사이 좋은 관계를 만들어주는 것이 가능은 할 테지만 순전히 둘의 궁합에 달려 있다.

그나마 혈연관계면 좀 더 원만히 지낼 수 있지 않을까 생각할지 모르지만, 그것은 어디까지나 인간의 생각일 뿐이다.

앞에서도 말했지만 고양이에게는 가족이라는 의식이 없어서 모자지간이든 형제지간이든 잘 지내는 일이 거의 없다.

통계적으로 보면 중성화수술을 받은 수컷 두 마리의 조합이 가장 사이가 좋은 걸로 알려져 있다. 처음에는 서로 견제하고 위협하다가도 점차 상대를 받아들이게 되고 서서히 사이가 좋아져 함께 놀고 잠도 같이 잔다. 당연히 예외는 있지만 말이다.

수고양이는 자신의 영역을 과시하기 위해 일어선 자세 그대로 벽이나 기둥에 소변을 뿌리기도 한다. 이 행위를 보통 '스프레이'라고 한다. 여러 고양이를 같이 키우는 상황에서 스프레이가 시작되면 같은 공간에서 키우기 힘들다. 격렬한 싸움이 벌어지고 으르렁거리는 소리가 끊이지 않아 주인도 난처해진다. 하물며 화장실 외의 장소에서 다른 고양이가 배설을 해도 고양이는 정신적으로 도저히 못 참는다. 그때는 서둘러 둘을 떼어놓을 필요가 있다.

50 바깥에 내놓을까 말까?

 고양이를 키울 때 바깥에 내놓을지 말지 결정하는 것은 큰 문제다. 앞에서 말한 영역과 관련이 깊기 때문이다. 비록 실내에서는 자신의 영역을 지킬 수 있어도 일단 바깥으로 나가게 되면 그곳은 다른 고양이들의 영역이기 때문이다. 결국 다른 고양이들로부터 공격받을 위험성이 매우 크다.

 고양이 연구와 의술 분야에서 앞서 있는 미국에서는 일반적으로 고양이는 실내에서만 키운다. 실내에 있으면 영역 다툼으로 싸우거나 병에 전염될 우려가 없기 때문이다. 집 안에 있으면 식사나 배변을 주인이 일일이 체크할 수 있어 건강이라는 측면에서만큼은 고양이에게 안전하다. 반면 밖에 나가서 무엇을 먹을지도 모르는 일이고 교통사고가 날 가능성도 무척 높다.

 그럼에도 "집 안에만 갇혀 지내는 걸 보면 가엾다"고 말하는 이들이 많다. 그러나 어릴 적부터 집 안에서만 지내온 고양이는 문을 열어줘도 경계심 때문에 밖으로 나가려고 하지 않는다. 물론 단 한 번이라도 밖에 나가서 즐거움을 맛본 고양이라면 계속 밖으로 나가려고 할 것이다. 하지만 그런 고양이도 한동안 밖에 내보내지 않으면 대부분은 곧 실내생활에 순응한다.

창 밖을 물끄러미 바라보는 고양이를 보고 집 안에만 갇혀 지내는 생활을 가엽게 생각하는 사람이 특히 많다. 하지만 밖으로 나가지 않음으로써 위험을 피할 수 있고 영역 다툼이라는 스트레스를 받지 않아도 된다는 점을 잊어서는 안 된다.

밖에 나가지 않아 운동이 부족하다고 우려하는 사람도 있는데, 그 또한 걱정하지 않아도 된다. 고양이는 장거리를 달릴 필요가 없어서 순발력을 발휘하는 운동만으로도 충분하다. 서랍장이나 TV 위로 뛰어오르기도 하고 좋아하는 장난감에 달려드는 놀이만 해도 운동부족을 해소할 수 있다.

51 교통사고를 너무 많이 당하죠?

도로에서 교통사고로 안타깝게 목숨을 잃은 고양이의 흔적을 본 경험이 있을 것이다. 이른바 로드킬을 당하는 고양이가 그만큼 많은 셈이다. 반면 개는 줄에 묶여 생활하기 때문에 교통사고는 거의 당하지 않는다.

그렇다고 고양이가 자주 차에 치이는 게 줄에 묶어두지 않았기 때문이라고 단정할 수는 없다. 사실 고양이는 똑같은 장소에서 여러 차례 사고를 당하기도 한다. 고양이는 한 번 혹독한 일을 당한 뒤에도 '이곳은 무서운 곳이니 다음엔 근처에도 오지 말자'는 식의 학습을 하지 않기 때문이다. 여러 차례 위험에 빠지고도 주의를 기울이지 않아 또 다시 사고를 당하는 확률이 높은 것이다.

고양이의 자그마한 몸집도 사고를 당하는 이유 중 하나다. 몸집이 작은 고양이는 아무래도 시선이 지면에 가까울 수밖에 없다. 그 때문에 멀리서 달려오는 차를 보지 못할 때가 많다. 어쩌다 차를 발견하게 되더라도 너무 가까이 다가온 상황이라 피하지 못한다.

특히 밤에 교통사고를 당하는 고양이가 많은 것은 자동차의 환한 전조등 불빛과도 관련이 있다. 고양이는 움직이는 대상에게 무척 흥미를 느끼는데 멀리서 불빛이 다가오면 '뭐지? 재미있겠는데' 하면서 호기심을 발동하는 것 같다.

고양이는 야행성 동물이다 보니 야간산책을 즐기다 사고를 당하기도 한다. 운전하는 사람 입장에서는 갑자기 고양이가 뛰어들 거라고 생각하지 못하기 때문에 이 같은 비극이 끊이지 않는 것이다 .

그럼, 교통사고로부터 우리의 사랑스러운 고양이를 지키는 확실한 방법은 없을까? 있다. 고양이를 밖에 내놓지 말고 집 안에서만 키우는 것이다. 그게 고양이에게 가장 행복한 일인지는 단정할 수 없지만.

52 영광의 상처가 어딨겠어요

"우리 집 고양이는 상처가 끊이질 않아요."

자랑 삼아 이렇게 말하는 사람이 있다. 동물의 세계는 약육강식이 지배하는 세계이기 때문에 싸운다는 것은 곧 살아 있다는 증거다, 라고 생각할지 모르겠다. 하지만 그런 생각은 고쳐먹는 게 좋다.

고양이가 싸우는 가장 큰 이유는 자신의 영역을 지키기 위해서다. 수고양이의 경우는 암컷을 차지하기 위해 대판 싸우기도 한다. 그런 싸움은 실로 치열하다. 먹느냐 먹히느냐의 전쟁이나 마찬가지다.

고양이는 싸울 때 상대의 발톱에 긁히거나 이빨에 물려 상처를 입곤 한다. 다행히 상처가 가벼우면 곧 치유되어 주인조차 알아차리지 못할 때도 많다. 인간에 비해 고양이 피부는 두꺼운 편이어서 상대의 날카로운 발톱에 긁혀 상처가

승자의 상처

패자의 상처

나도 비교적 곧 아문다.

여기까지만 들으면 상처를 입는 게 대수롭지 않은 일처럼 보이지만, 사실은 위험천만하다. 왜냐하면 고양이의 입 속에는 파스튜렐라^{Pasturella}라는 균이 있기 때문이다. 상대에게 물리면 상처로 균이 들어가는데 피부 표면은 금방 아물지 몰라도 피부 속으로 들어간 균은 번식하여 곪기도 한다.

자칫 증상이 악화되면 피부뿐 아니라 뼛속까지 균이 침투하기도 한다. 그 결과 발열을 동반하게 되고 최악의 경우에는 목숨까지 잃기도 한다. 고양이가 가급적 싸움을 피하려고 하는 것도 그 때문이다. 따라서 싸움으로 생긴 고양이의 상처를 훈장쯤으로 여기는 것은 잘못된 생각이다.

싸우다 생긴 상처를 보면 그 고양이가 강한지 약한지 알 수 있다. 이를 테면 머리에 상처가 났다면 상대와 정면 승부를 하다 생긴 것이므로 힘으로는 뒤지지 않았다는 걸 알 수 있다. 반면 상처가 꼬리 근처나 엉덩이에 났다면 도망치려는 와중에 뒤에서 공격을 당한 것이기 때문에 상대가 훨씬 강했다는 걸 짐작할 수 있다.

53 가끔은 우리도 공황상태가 돼요

특별히 뭔가를 방해한 것도, 괴롭힌 것도 아닌데 고양이가 화를 내며 물거나 할퀼 때가 있다. 대체 왜 이러는 걸까? 그 원인을 알고 싶지만 속내를 알 수 없어 답답하기만 하다. 또 그러면 어떡하지, 걱정이 앞서지만 딱히 대응책도 없다.

그럴 때는 고양이도 인간처럼 언짢을 때가 있다고 생각하면 된다. 뭔가 예기치 못한 일로 공황상태에 빠지기도 한다는 말이다. 실내에서 생활하는 고양이는 이웃집 지붕 위로 길고양이가 지나가는 것만 봐도 공황상태에 빠질 때가 있다.

우리 눈에는 그저 '저기 낯선 고양이가 있네' 정도로밖에 인식되지 않는 것도 고양이의 눈에는 '내 영역에 낯선 녀석이 들어올지 모른다' '안전한 내 영역을 잃을지 모른다'는 공포로 다가올지 모른다. 우리에게는 아무래도 상관없는 사소한 일이 고양이에게는 목숨이 달린 일생일대의 사건일 수 있기에 흥분상태에 빠지는 건 어쩌면 당연한 일이다.

고양이에 따라 차이가 있기는 하지만 공황상태가 잦아들기까지는 며칠이 걸리기도 한다. 개중에는 2~3주 동안 흥분상태가 이어져 가까이 다가가기만 해도 으르렁대며 털을 곤두세운 채 위협하기도 한다.

이럴 때 건드리면 오히려 긁어 부스럼을 만드는 격이다. 안아 주거나 쓰다듬어 주는데도 신경질적으로 반응하는 것이다.

어떻게든 기분을 풀어 주려고 장난감을 건네도 역효과가 날 수 있다. 고양이를 더욱 자극하는 꼴이 되기 때문에 주의할 필요가 있다. 따라서 억지로 접촉하려고 하기보다는 조용히 지켜보는 게 낫다.

우리 인간도 그렇듯이 고양이도 충격을 받은 뒤 원래 상태로 회복하는 데는 상당한 시간이 필요하다. 평상심을 회복하고 평소처럼 응석을 부릴 때까지 기다렸다가 아무 일 없었다는 듯이 받아주면 된다.

54 개는 사람을, 고양이는 집을 따른다고요?

새로 이사간 집에서 사라진 고양이를 찾으러 다니다가 멀리 떨어진 예전 집에서 발견했다는 이야기를 들어본 적이 있을 것이다. 서양에서도 몇 마일이나 떨어진 예전 집으로 고양이가 되돌아온 일화가 심심찮게 들린다. 심지어 대륙을 횡단하여 이전 집으로 돌아왔다는 믿거나 말거나 식의 사연도 전해지곤 한다.

그러고 보면 '고양이는 집을 따른다'는 속설은 만국 공통이 아닌가 싶다. 아주 오래 전부터 이런 이야기가 전해져 오는 것은, 과학으로 증명할 수 없는 신비로운 힘이 고양이에게 있다고 믿는 사람들이 그만큼 많다는 증거다.

물론 자신의 영역을 벗어나면 제 집으로 돌아오지 못하는 고양이도 있다. 강한 고양이에게 쫓겨 도망치다가 자신도 모르게 영역을 벗어나거나, 발정기의 수컷이 암컷을 좇는 동안 무심코 영역에서 벗어날 경우 방향감각을 잃어 집으로 돌아가는 길을 잃기도 한다.

그동안 실내에서만 지내던 고양이가 어떤 계기로 밖으로 나가게 되었다면 어떨까? 아마도 집을 찾으러 돌아다니기 전에 낯선 장소에 있다는 공포심에 사로잡히지 않을까? 그러다 보면 꼼짝 못하고 지하나 건물 뒤에 웅크리고 있게 된다.

예부터 '개는 사람을 따르고 고양이는 집을 따른다'는 말이 있다. 그러나 요즘은 한 곳에서 계속 머무르기보다는 자주 보금자리를 옮기는 경향이 있다. 따라서 고양이도 집을 따르기보다는 사람을 따르는 쪽으로 변해갈 수 밖에 없다.

다만 고양이는 새로운 환경에 적응하기까지 많은 시간이 걸리는 동물이기 때문에 이사를 할 경우에는 고양이의 불안한 마음을 충분히 이해하고 가능한 한 따뜻한 마음으로 대하는 게 좋다. 시간이 차츰 지나면서 고양이도 새로운 생활에 적응할 수 있을 테니 말이다.

55 왜 죽음을 앞두고 사라지냐고요?

'고양이는 자신의 죽은 모습을 보이지 않는다.'
'죽을 때가 다가오면 죽을 장소를 찾아 집을 나간다.'
앞에서 살펴본 '고양이는 집을 따른다'는 속설처럼 오래전부터 전해져 내려오는 말이다.

그러나 이런 말들은 현실성이 떨어진다. 고양이뿐 아니라 어떤 동물도 살아남기 위해 필사적으로 애를 쓰기 때문이다. 산다는 것에 그만큼 집착하는 것이다. 비록 병이 들어 몸을 움직이기 힘든 상태가 되어도 어떻게든 먹으려고 하고 마시려고 한다. 따라서 고양이가 죽을 때를 알고 집을 나간다는 속설은 납득하기 힘들다. 그러고 보면 고양이란 영물을 신비롭게 바라보던 옛날 사람들이 상상력을 동원해 만들어낸 설이 아니었을까? 그렇다고 해도 이런 속설이 오랫동안 전해져 오는 데는 그럴 만한 이유가 있지 않을까?

사실 10여년 전만 해도 고양이는 집 안팎을 자유로이 드나들며 지냈다. 때문에 집 밖으로 나간 고양이가 어딘가 외부에서 목숨을 잃고 돌아오지 않는 일도 적지 않았다. 이런 상황을 두고 우리는 순전히 인간의 입장에서 '고양이는 자기가 죽을 때를 알고 집을 나간다'고 믿어온 게 아닐까 싶다. 어쩌면 고양이도 살아서 집으로 돌아오고 싶었을지 모른다. 하지만 돌아오는 도중에 어딘가에서 쓰러져 숨을 거둔 건 아닐까?

고양이가 죽음을 어떻게 대하는지를 알려주는 흥미로운 이야기는 사실 우리 주변에서도 종종 접할 수 있다. 어느 집에서 네 마리의 고양이를 키우고 있었다. 그 중 한 마리가 병으로 빈사상태에 빠졌다. 그러자 다른 고양이들이 병에 걸린 고양이 곁으로 다가가려고 하지 않았다. 하지만 병원에서 치료를 받은 뒤 다시 기운을 차리고 집으로 돌아오자 예전처럼 사이 좋게 생활했다. 이런 행태만 놓고 보면 고양이는 죽음을 외면하는 습성이 있는 게 아닌가 싶다.

여러 마리의 고양이를 키우던 또 다른 집의 에피소드도 있다. 한 마리가 병원에서 숨을 거둬 집으로 사체를 가져왔다. 그런데 얼마 전까지만 해도 함께 생활하던 다른 고양이들은 사체를 보고 다급히 도망쳤다. 죽음을 대면하는 상황 그 자체를 두려워한 것이다. 이런 반응을 뒤집어 해석하면, 고양이는 다른 동물보다 살고자 하는 집착이 더 강한 게 아닐까?

56 화려한 외출 같은 건 없다구요

고양이는 아무래도 동물이기 때문에 드넓은 자연 속에서 생활하는 게 좋을 것이라고 생각하는 사람이 적지 않다. 그래서 집 안에만 가둬 키우는 게 미안하고 가엽기도 해 집고양이를 밖으로 내보내는 어려운 결정을 한다.

고양이가 행복하길 바라는 그 마음은 충분히 이해할 만하다. 하지만 고양이를 밖에 내놓을 때는 먼저 각오를 해야 한다. 참으로 수많은 무시무시한 위험에 노출시키겠다, 그 결과를 다 감수하겠다는 각오 말이다. 동시에 주변을 샅샅이 살피는 일을 한시도 게을리 해서는 안 된다.

사실 도심에서 생활하는 고양이의 환경은 최근에 엄청나게 변했다. 특히 단독주택의 부지 면적이 갈수록 작아지면서 고양이가 활동할 만한 영역을 보장해줄 수 없게 되었다. 그러다 보니 고양이가 밖으로 나가게 되면 당연히 이웃집 부지로 들어가게 된다. 몇 백 평 되는 호화저택이라면 모를까, 손바닥만한 좁은 부지 안에서 고양이가 만족할 리 없다. 하긴 인간이 만들어 놓은 벽이나 경계선 따위는 고양이에게는 무의미하지만 말이다.

만일 이웃집에서도 고양이를 키우는 상황이라면 우리 고양이가 그 고양이의 영역에 침범하는 꼴이어서 자연스레 싸움이 벌어진다. 거기다 병에 감염될 가능성도 높다. 이웃집 마당에서 볼일을 보기도 하고 화단의 흙을 마구 파헤칠 것은 불을 보듯 뻔하니 이웃집과 분쟁이 벌어질 상황이 올 수도 있다.

고양이를 밖으로 내놓겠다고 마음 먹은 이상 주인은 고양이가 밖에서 일으킨 문제에 책임을 져야 한다. 고양이가 스스로 책임을 질 수는 없으니까.

또 한 가지 더 명확하게 알고 있어야 할 게 있다. 고양이가 눈에 넣어도 아프지 않은 사랑스러운 존재일지 모르지만 모든 사람이 그렇게 생각하지는 않는다. 이웃 사람들이 우리 고양이를 매서운 눈으로 쏘아 봐도, 신랄하게 불평을 해도 매정하다고 비난해서는 안 된다. 오히려 평소에도 이웃 사람들에게 "폐를 끼쳐 죄송합니다"라고 인사도 하고 "무슨 일이 있으면 언제든 말씀해주세요"라고 말해두는 게 최소한의 매너다.

다시 한 번 강조하지만 아무리 귀여운 고양이일지라도 싫어하는 사람이 있다는 사실을 잊지 말아야 한다.

57 나 홀로 운동회가 좋아요

"우리 집 고양이는 갑자기 온 집 안을 마구 달려 깜짝 놀라게 해요. 머리가 좀 이상해진 건 아닐까 걱정되기도 하구요."

고양이를 키우는 사람들이 자주 하는 말이다. 맹렬히 뛰어다닌 뒤에야 몸이 개운해지는지 늘어지게 낮잠을 자거나 밥을 먹기도 하는데, 그런 모습을 보고 나서야 주인은 안도의 한숨을 쉬게 된다. 이처럼 느닷없이 맹렬하게 온 집 안을 뛰어다니는 고양이를 보고는 혼자 운동회를 하는 것 같다고 말하는 사람도 있다.

왜 고양이는 돌연 이런 행동을 하는 것일까? 그 이유는 아직까지 밝혀지지 않았지만 거의 모든 고양이에게서 볼 수 있는 행동이다 보니 서양에서는 이를 '광기의 30분'이라고 부른다. 또 다른 말로는 '진공행동'이라고도 하는데, 문자 그

대로 고양이의 머릿속이 말끔히 비어진 상태 같다고 해서 붙여진 말이다.

우리 눈에는 고양이가 집 안에서 편안히 지내는 것처럼 보인다. 먹이도 거저 얻어먹고 따뜻한 보살핌을 받기 때문에 평온한 나날을 보낸다고 생각하는 것이다. 그러나 그들 몸속에는 여전히 야생의 피가 엄연히 흐르고 있다. 비록 느긋하게 살아가는 것처럼 보여도 사실은 잔뜩 긴장한 채 살아가고 있는 것이다. 언제 어디서 적이 덮칠지 모르고, 먹잇감 하나를 잡을 때도 기척 없이 살그머니 다가가야 한다. 자신의 영역을 지키기 위해서는 순찰도 해야 하고, 초대받지 않은 손님과 만났을 때는 싸우거나 도망쳐야 한다.

이런 상황에 대비하기 위해 고양이는 충분한 휴식을 취하며 에너지를 비축해두는데, 실제 생활은 그렇지 않기 때문에 집고양이는 미처 발산하지 못한 에너지를 쌓아두게 된다.

때문에 아무런 목적 없이 머리를 새하얗게 비운 상태에서 달리고 뛰어오르며 폭주한다. 이렇게라도 에너지를 발산시킴으로써 정신적으로 육체적으로 균형을 유지하려는 것은 아닐까?

58 수고양이가 왜 자기 젖을 빠냐고요?

 수고양이 중에는 종종 기묘한 자세로 자기 젖을 핥는 녀석들이 있다. 그 모습을 보고 있으면 우리 고양이만 이러나, 왜 이런 이상한 버릇이 생겼지, 하며 신경을 쓰게 된다. 하지만 그 집 고양이만 그러는 건 아니니 일단 안심해도 된다. 다른 수컷에게서도 흔히 볼 수 있는 행태이기 때문이다.

 왜 그런 행동을 하는 걸까? 미처 젖을 떼지 못한 상태에서 어미 곁을 떠나 다른 집으로 분양되면 어미를 그리워하며 자기 젖을 핥기도 한다. 물론 이사를 가거나 가족 구성원이 바뀌는 환경적인 변화 때문에 생긴 스트레스를 제대로 풀지 못해 제 젖꼭지를 핥는 고양이도 있다.

 물론 이런 심인적인 이유 외에 특별히 할 일도 없고 무료해서 그럴 수도 있다. 집고양이는 아무래도 외부에서 가해지는 자극이 비교적 적기 때문이다.

한 마리만 키울 경우 딱히 교류할 상대가 없어서 그러기도 한다. 가족들이 모두 외출해 놀아줄 상대가 없으면 아무래도 털 고르는 시간이 늘어날 수밖에 없는 거다. 그런 상황에서 몸이 유연한 고양이는 자신의 혀로 젖을 핥기도 하는데 그러다 보면 왠지 안도가 돼 버릇처럼 그 짓을 하게 되는 것일지 모른다. 계기가 어떻든 고양이가 그런 행동으로 마음을 안정시킬 수 있다면 굳이 그만두게 할 필요는 없지 않을까 싶다.

그럼에도 그 버릇을 고쳐주고 싶다면 고양이가 만족할 때까지, 그런 행동을 할 마음이 생기지 않을 때까지 신나게 놀아주면 된다. 장난감을 이용해 활기차게 놀 수 있도록 유도해도 좋고, 천천히 쓰다듬어주면서 안정감을 갖도록 분위기를 조성해도 좋다. 결론적으로 고양이를 만족시켜주면 이런 버릇은 자연히 사라지게 마련이다.

59 아무 하고나 짝짓는 거 아니라니까요

 바깥 세상에서 살아가는 길고양이들은 하루하루가 싸움의 연속이다. 세상은 인간세계와 마찬가지로 약육강식이 지배하는 곳이다. 약한 고양이는 자신의 영역을 지키지 못해 먹이를 구하기도 어려운 법이다. 그렇다면 교미할 기회마저도 박탈당하는 건 아닐까, 궁금해 하는 이들이 많다.
 결론부터 말하면 발정기의 암컷은 한 마리의 수컷하고만 교미하는 게 아니다. 여러 마리의 수컷과 사랑을 나눈다는 얘기다. 아주 짧은 시간 동안에 여러 마리 수컷과 교미를 하기도 한다. 물론 한 마리와 나누는 사랑은 불과 몇 분 동안이지만.
 어떤 때는 한 마리의 암컷을 두고 다섯 마리의 수컷이 싸우기도 하는데, 당연히 가장 강한 고양이가 싸움에서 이겨 암컷을 먼저 차지한다. 그러나 강한 고양이와 교미를 하고 나서도 암컷은 싸움에서 진 수고양이들과 차례로 교미한다.

그렇다면 암고양이가 어떤 수컷의 새끼를 갖게 되는지 의문이 생긴다. 하지만 고양이가 새끼를 갖는 메커니즘을 알면 그리 복잡할 게 없다. 수고양이의 생식기에는 가시처럼 생긴 돌기가 있다. 그 돌기로 인한 통증에 의해 암고양이는 배란이 이뤄진다. 난자의 낭비를 막으면서도 새끼를 잉태하는 확률을 100퍼센트로 끌어올리려는 지혜로운 생존전략이 아닐 수 없다. 결국 다섯 마리 수컷의 정자와 모두 수정할 가능성이 매우 높기 때문에 다섯 마리의 새끼를 낳았을 경우 그 아비가 제각기 다를 수도 있다.

인간 세계의 관점에서는 받아들이기 불편한 사실이지만 고양이의 세계에서는 부모자식이나 형제끼리 교미가 이뤄지기도 한다. 이런 근친상간으로 피가 짙어지면 건강한 자손을 남길 수 없는 건 어느 세계나 마찬가지다. 어쩌면 암고양이는 한 번에 여러 수고양이와 교미를 하면 여러 유전자가 섞이면서 건강한 새끼가 태어난다는 걸 본능적으로 아는 게 아닐까?

60 새끼 낳은 몸은 배려해주세요

 고양이가 임신을 하게 되면 주인들은 덩달아 마음이 들뜬다. 머지 않아 귀여운 새끼 고양이와 만날 수 있다는 생각에 설레게 되고 어떻게 생긴 새끼가 나올지 궁금해진다.

 흥미로운 것은 새끼가 어떤 색깔의 털을 갖고 태어날지 좀처럼 상상할 수 없다는 것이다. 새하얀 고양이에게서도 줄무늬, 삼색, 검은색, 얼룩무늬 등 다양한 무늬의 털옷을 입은 새끼가 나오는 게 다반사다. 여러 수컷들의 새끼를 동시에 임신하다 보니 유전자 조합이 이뤄지기도 하기 때문이다.

 고양이 주인은 고대하던 새끼가 태어나면 조그맣고 보드라운 새끼 고양이를 만지고 싶어 몸이 근질근질할 것이다. 물론 새끼를 낳느라 고생한 어미 고양이를 어떻게든 보살펴주려는 게 인지상정이다.

 그러나 성급한 보호나 적극적인 배려는 좀 유보하는 게

어떨까. 출산 후 어미 고양이는 손바닥 뒤집듯 돌변하기 때문이다. 주인을 이빨로 물기도 하고 발톱으로 할퀴기도 한다. 지금껏 얌전했던 고양이가 갑자기 돌변하면 주인은 충격을 받을지 모른다.

그러기 전에 고양이의 입장에서 생각해 볼 필요가 있다. 어찌 보면 출산 후에 고양이가 예민해지고 매서워지는 건 당연한 일이다. 갓 태어난 새끼들은 너무도 약해서 스스로 자신을 지켜낼 수 없기 때문이다.

어미는 '내 아이들은 기필코 내가 지킨다'는 각오로 무장한다. 그런 책임감은 사실 커다란 스트레스일 수밖에 없을 것이다. 때문에 자신에게 손을 대거나 새끼를 만지려는 사람에게도 서슴없이 적의를 드러내는 것이다. 다시 말해 강한 모성본능을 이런 식으로 표현한다.

출산한 고양이를 정말로 배려하고 싶다면 가급적 어미 고양이가 안심하고 새끼를 돌볼 수 있는 환경을 만들어주자. 방법은 간단하다. 너무 가까이 다가가지 말고, 새끼 고양이를 들여다보지도 말고, 큰 소리도 내지 않는 거다. 시간이 흐르면 새끼 고양이가 먼저 다가올 것이다. 즐거운 마음으로 그때를 기다리자.

61 새끼를 물고 돌아다니면 어떡하냐구요?

 새끼를 낳은 고양이는 자신과 새끼를 위해 평소에는 보여주지 않던 행동을 하기 때문에 주의 깊게 지켜봐야 한다.

 일단 어미 고양이는 출산 후 지극 정성으로 새끼를 보살핀다. 대개는 사랑스럽게 새끼를 핥아주며 함께 시간을 보낸다. 그러다 어느 정도 시간이 지나면 새끼 곁을 떠나기도 하는데 2시간을 넘기지 않는다. 태어난 지 얼마 되지 않은 새끼는 스스로 체온을 유지할 능력이 없어서 어미가 곁에 있어 주지 않으면 저체온으로 죽기 때문이다.

 시간이 좀 더 흘러 어미가 곁에 없는 시간이 길어지면 새끼 고양이끼리 서로 꼭 붙어 있다. 이런 모습을 보고 흔히 '고양이 방석'이라고 하는데, 이 또한 체온유지를 위해서다. 새끼가 스스로 체온을 조절하기까지는 3주 정도가 걸리며, 생후 5주가 되면 어미와 함께 보내는 시간은 더 짧아진다.

출산 후 어미 고양이는 한 곳에만 머물지 않고 침대 아래에 숨거나 서랍 안에 들어가거나 옷장 뒤쪽으로 파고든다. 그런데 그때마다 새끼 고양이를 한 마리씩 입에 물고 어슬렁댄다.

새끼 고양이를 해칠까봐 걱정하는구나, 라고 생각하기 쉽지만 이런 행동 역시 고양이가 야생생활에서 키운 습성일 뿐이다. 바깥세상에서 새끼 고양이는 다른 육식동물들의 좋은 먹잇감이기 때문에 잡아 먹히지 않도록 한 곳에 오래 머물지 않았던 것이다. 결론적으로 새끼 고양이를 입에 물고 다른 장소로 이동하는 것은 새끼의 안전을 제일로 생각하기 때문이다.

이때 어미의 행동에서 흥미로운 점을 발견할 수 있다. 어미가 가장 먼저 입으로 물어 옮기는 놈이 바로 가장 소중하게 생각하는 새끼라는 점이다. 고양이의 이사는 종을 보존하려는 본능적인 행태이므로 당연히 가장 건강하고 똑똑한 새끼 고양이를 최우선적으로 옮기는 것이다.

어미 고양이는 또한 새끼가 젖을 뗄 때까지 수컷의 존재를 무시한다. 고양이는 본디 가족이라는 개념을 갖고 있지 않지만, 이때만큼은 친밀한 모자관계를 형성한다. 본능은 힘이 센 법이다.

column 3
하루키의 대작 <노르웨이의 숲>과 고양이의 인연

무라카미 하루키는 '고양이가 좋아 지금까지 꽤 많은 고양이를 키웠다'고 에세이에 적고 있다. <하루키 일상의 여백>에는 고양이에 관한 글과 사진이 많이 실려 있다.

결혼을 하게 된 하루키는 학창시절 집에서 키우던 갈색의 얼룩 수고양이 피터를 아내의 본가에도 데리고 갔다. 또 외국으로 나가 생활하게 되었을 때는 키우던 암컷 샴 고양이를 출판사 출판부장에게 맡겼다. 나중에 장편소설 원고를 넘길 테니 모쪼록 고양이를 잘 부탁한다고 청하면서. 그래서 쓴 소설이 <노르웨이의 숲>이다.

그 샴 고양이의 이름은 '뮤즈'로 그의 아내가 지어주었다. 이 고양이는 고쿠분지에 살았을 때 키우기 시작했는데 센다가야로 이사한 뒤에도 한밤중에 무릎에 앉힌 채 첫 소설을 썼다. 하루키는 종종 해외에서 생활하곤 하는데 고양이를 키우지 않고 근처에 사는 고양이를 예뻐함으로써 고통스러운 고양이 결핍 상태를 스스로 만끽하기도 했다.

<1Q84> 중에는 '고양이 마을'과 관련한 이야기도 등장한다. 여행하던 청년이 열차에서 내린 곳은 무인 마을이었는데 날이 저물면 수많은 고양이가 마을로 찾아온다. 새벽녘이 되면 각자가 용무를 마치고 본래 있던 곳으로 돌아간다는 환상적인 이야기다.

　<양을 쫓는 모험>에도 고양이는 등장한다. 고양이를 잃은 제이는 말한다.

　"응, 그거 쓸쓸하지. 어떤 사람이 죽어도 이토록 쓸쓸하지는 않을 거야. 이거 이상하지 않아?"

4장

건강이 최고 아닌가요?

62 자꾸 토가 나와요

 어디를 다친 것도 아니고, 소화 안 되는 음식을 먹은 것도 아닌데 고양이가 자꾸 토할 때가 있다. 그렇다고 식욕이 없는 것 같지도 않은데 말이다.

 며칠 동안 계속 이런 증상을 보이면 변비가 아닌가 의심해 봐야 한다. 일반적으로 고양이의 배변 횟수는 하루 두 번 정도. 2~3일에 한 번만 배변하는 고양이도 있지만, 사람이나 고양이나 매일 기분 좋게 변을 보는 게 이상적이다.

 고양이는 특이하게도 골반 구조상 다른 동물에 비해 변비에 걸리기 쉽다. 어떨 때 변비에 걸리는지 구체적으로 알아보자.

 아무래도 수분을 충분히 섭취하지 못하면 변비가 된다. 고양이는 갈증을 민감하게 느끼는 동물은 아니지만 언제든 물을 마실 수 있도록 고양이가 자주 오가는 여러 장소에 항상 깨끗한 물을 준비해두는 게 좋다.

볼일을 볼 때 안심할 수 없는 화장실 환경도 변비를 일으키는 주 요인이다. 고양이는 변을 보면서도 긴장한다. 배변 중에는 무방비 상태가 되기 때문에 적이 공격해 올까봐 대비하는 것이다.

특히 집고양이는 같이 사는 사람과 다른 고양이들의 기척에 예민하게 신경을 쓰다가 배변을 못할 때가 있다. 이런 상태가 이어지다 보면 결국 변비에 걸린다. 따라서 고양이가 화장실에서 볼일을 보는 중이라면 짐짓 모르는 척 조용히 있자. 조용한 환경에서 배변할 수 있도록 배려하자는 거다. 화장실을 더럽게 방치하면 고양이는 편안하게 배변하지 못한다는 것도 알아두자.

배변에 적합하지 않은 환경에 있다 보면 뱃속에 다량의 변이 쌓여 자력으로 배설하기 어려워진다. 대장의 감각이 마비되어 화장실에 가고 싶다는 느낌마저 잃어버리기도 한다.

결론적으로 고양이가 자꾸 토하는 것은 배에 변이 차있기 때문이다. 고양이로서는 매우 힘든 상황이 아닐 수 없다. 따라서 변비에 걸리지 않는 환경을 조성해주는 게 중요하다. 변비에 이미 걸렸다면 수의사와 상담하자.

63 하루 종일 굶었어요

고양이가 식욕을 잃어 버릴 때가 있다. 그럴 때는 단순히 눈앞에 놓인 밥이 먹기 싫은 것인지 다른 원인이 있는지 정확히 판단해야 한다.

고양이는 식사에 관한 한 다소 완고한 데가 있다. 맛이나 식감, 냄새 등이 자신의 기호에 맞지 않으면 온전한 영양 식단을 제공해도 단호하게 외면한다. 한 종류의 푸드만 계속 먹이면 질려서 거부하기도 한다. 지금까지 먹던 것과 다른 푸드를 줘도 거부반응을 보일 수 있다. 본디 고양이는 집착이 강한 동물이기 때문에 먹이에 대해서도 그런 성향을 보인다.

게다가 고양이는 매우 예민하다. 주거지를 옮겨 주위 환경이 달라지면 스트레스를 받아 식욕을 잃기도 한다. 다쳤거나 열중증일 때도 당연히 식욕을 잃는다.

밥에 문제가 없고 특별히 스트레스를 받지 않았는데도 식욕이 떨어졌다면, 병에 걸렸을 가능성이 높다. 따라서 다른 증상은 없는지 잘 살펴봐야 한다. 토하거나 설사를 할 경우에는 소화기 질환이나 비뇨기 질환, 바이러스나 세균에 의한 감염, 중독을 생각할 수 있다. 호흡이 힘들어 보인다면 호흡기 질환을 의심해보자.

식욕은 있어서 밥을 먹으려 하지만 입 속이나 목이 아파서 먹지 못하는 경우도 있다. 그럴 때는 구내염이나 치주병, 인후염 같은 염증이 입과 목에 생겼을지도 모른다.

통증으로 괴로울 때도 고양이는 울음으로 호소하기보다 조용히 참는다. 따라서 평소보다 활기가 없고, 잘 먹던 밥을 줘도 쳐다보지 않고 웅크리고만 있으면 서둘러 병원으로 데려가자. 하루 온종일 음식을 전혀 입에 대지 않을 때도 수의사와 상담하는 것이 좋다.

64 웅크리고만 있을래요

이름을 불러도 눈길 한 번 주지 않는다. 좋아하는 음식을 주어도 아무 반응이 없다. 쓰다듬고 안아줘도 귀찮아 한다.

이렇게 활기를 잃고 가만히 웅크리고만 있는 고양이는 보는 사람마저 힘 빠지게 한다. 가만히 웅크리고 있지만 건강에 특별히 문제가 있는 것도 아니어서 어떻게 해줘야 할지 걱정부터 앞선다.

사실 고양이는 느긋한 편인 데다 잠도 잘 자는 동물이다. 안심하고 편히 있을 장소만 확보된다면 하루 12~15시간, 새끼의 경우는 20시간을 자기도 한다. 사냥할 때를 대비해 충분히 수면을 취하면서 체력을 유지하던 습성이 남아서 그런 것이다. 물론 집고양이는 사냥을 하지는 않지만 여전히 야생 본능은 갖고 있다.

그런데 기운이 하나도 없는 것처럼 시무룩해질 때가 있다.

마음이 상하거나 환경에 변화가 생길 때 그러기 십상이다. 예컨대 주인이 싸늘하게 대했거나, 새로운 반려동물이 들어왔거나, 다른 고양이와 싸워서 졌거나, 주인의 가족 구성원이 달라졌거나, 이사를 했거나, 방이 너무 덥거나 할 때 고양이는 스트레스를 받는다.

평소 활기에 넘치던 고양이가 별다른 심리적인 요인도 없는데 갑자기 얌전해지거나 식욕을 보이지 않는다면 병에 걸렸거나 어딘가 다쳤을 가능성이 있다. 손으로 만졌을 때 아파하거나, 열이 있거나, 콧물이 나고 재채기를 하거나, 토하거나, 설사나 변비가 있거나, 호흡이 거칠거나, 눈물을 질금질금 흘리거나, 걸음걸이가 이상하거나 하지는 않는지 꼼꼼히 확인해야 한다. 타박상, 골절, 팔라리아증사상충증, 내장질환, 당뇨병, 림프종 등을 의심해 볼 만하기 때문이다.

모든 질병과 부상의 초기 증상은 활기가 없어지는 것이다. 시간이 좀 지나면 다시 좋아지겠지 하고 방치했다가는 증상이 더 악화되어 목숨을 잃는 사태에 몰리기도 한다. 단지 식욕 저하만 보인다면 하루 종일 어떤 모습으로 지내는지 잘 살펴보자. 또 다른 증상이 보인다 싶으면 가급적 신속하게 수의사를 찾아 근본 원인을 없애주도록 하자.

65 자꾸 토하니까 축 늘어지네요

고양이가 토하는 것은 그다지 드문 일은 아니다. 몸을 핥으며 털을 고르다가 삼켜버린 털을 토하기도 하고, 너무 많이 먹어서 토하기도 한다. 때로는 일부러 풀을 삼켜 털 뭉치까지 토해 내기도 한다.

이런 증상은 사실 고양이의 정상적인 생리현상이기도 하다. 구토를 함으로써 위 속이 깨끗해지고 기분도 좋아진다. 이렇게 토한 뒤에 다시 밥을 먹거나 배변하는 데 문제가 전혀 없다면 걱정하지 않아도 된다.

그러나 하루에 여러 차례 토하고, 식욕을 잃은 채 묽은 변을 보는 등 이상 증후가 보이면 주의할 필요가 있다. 몸이 마르고 구토하기 전 고통스러운 신음소리를 내도 마찬가지다.

토하는 데다 침까지 흘린다면 위나 장에 염증이 생겼을 가능성이 있다. 따라서 토하는 빈도와 고양이의 상태, 토사

물을 잘 관찰하자. 설사가 심하고 혈변을 볼 때, 토사물이나 침에 피가 섞여 있을 때는 황급히 병원으로 데려가야 한다. 고양이 범백혈구 감소증 같은 바이러스성 전염병, 위장염, 간염, 요독증, 신부전, 소화기 종양, 중독 등 여러 원인을 의심할 수 있기 때문이다.

간혹 실 보풀이나 플라스틱 조각 같은 이물질을 삼켜 구토를 할 수도 있다. 따라서 토해내려고 애를 쓰거나, 다량의 침을 흘리거나 전혀 식욕이 없으면 잘못된 식사를 했다고 보면 된다. 이때는 서둘러 이물질을 꺼내줘야 하기 때문에 병원에 데려 가자.

원인이 무엇이든 심한 구토나 설사가 계속 이어지면 탈수 증상을 일으켜 쇠약해지는데 너무 오랫동안 웅크린 채 꼼짝하지 않으면 곧 병원으로 데리고 가자.

평소 고양이가 어떤 상태인지 자세히 살피다 보면 토하는 것이 단순한 생리현상인지 질병의 신호인지 판단할 수 있을 것이다.

66 응가는 매일 체크해주세요

고양이의 변 상태를 평소에 체크해 두면 건강관리에 큰 도움이 된다. 고양이 변은 간단히 관찰할 수 있는데, 젓가락으로 집을 만큼 단단하거나 살짝 눌러질 정도로 수분을 포함하고 있으면 좋은 변이다.

고양이도 인간처럼 위나 장 등의 소화기관이 안 좋으면 설사를 한다. 과식하지는 않았는지, 소화가 안 되는 음식을 주지는 않았는지, 스트레스 받는 생활을 하고 있는 건 아닌지 살펴보는 게 좋다.

건강에 좋지 않은 음식을 주지 않았는데도 고양이 스스로 비닐이나 티슈, 플라스틱, 독성이 있는 잎관엽식물을 먹기도 한다. 씹히는 질감이 좋으면 어느 정도 씹다가 꿀꺽 삼킨다. 따라서 고양이의 기호를 파악해 두었다가 주변에 위험한 물건을 두지 않도록 한다.

또한 고양이는 급성 설사보다는 만성 설사에 잘 걸린다. 며칠 동안 설사나 묽은 변이 이어지면 질병을 의심해 볼 만하다. 묽은 설사를 할 때는 소장에 원인이 있는 것인데 영양분을 제대로 흡수하지 못해 몸이 마르기도 한다.

한편 점액 형태의 혈변을 여러 차례 볼 경우에는 대장에, 설사를 동반하면서 구토하는 경우에는 위에 질병의 원인이 있다.

설사로 의심할 수 있는 질병으로는 만성·급성 위장염, 소화관 내의 기생충, 고양이 범백혈구 감소증, 고양이 백혈병 바이러스감염증, 중독, 대장염, 소화기 종양, 림프종, 간장 질환, 식물 알레르기 등을 꼽을 수 있다.

극심한 설사를 반복하고 복통과 구토를 동반하며 급격히 몸이 마를 경우_{급성}에는 쇠약해지다 못해 목숨을 잃기도 한다. 따라서 한시라도 빨리 병원에 데리고 가자. 만성인 경우에도 고양이의 체력을 서서히 빼앗아 약해지게 만든다. 주인의 응급처치만으로는 고양이의 병을 고칠 수 없으므로 서둘러 병원 진찰을 받는 게 중요하다. 그때 고양이의 변을 샘플로 가져가면 확실한 진단을 받을 수 있다.

67 응가가 잘 안 나오네용

 배변 자세를 취하고 힘을 주는데도 도대체 변이 나오지 않는다. 겨우 나왔나 싶은데 단단한 데다 코딱지만큼뿐이다. 고양이가 변비에 걸린 것이다. 변비가 고통스러운 건 고양이도 마찬가지다. 그러니 변비 원인을 사전에 없애 주는 수밖에 없다.

 먼저, 식사에 주의한다. 섬유질이 적고 소화가 잘 안 되는 음식을 주면 아무래도 변비에 걸리기 쉽다. 따라서 식이섬유가 많은 음식으로 바꿔주자. 미네랄 오일이나 생선 오일, 무염버터 등 변통을 개선하는 식재료를 넣어주면 증상이 개선되기도 한다.

 운동부족 역시 변비의 원인. 특히 나이든 고양이는 거의 운동을 하지 않아 소화기관의 기능이 약해지는데 그 바람에 수시로 변비가 된다. 집고양이는 대개 변비에 잘 걸리므로 운동할 수 있는 환경을 만들어주자.

하루 이틀만 변비증세를 보이면 그다지 걱정할 게 없지만, 장기간 이어질 때는 거대결장증이나 항문낭염을 의심할 수도 있다. 거대결장증은 결장이 이상할 만큼 확장된 상태라 장의 힘만으로는 변을 밀어낼 수 없다. 따라서 변을 묽게 하는 연화제나 관장으로 치료하는데 변비상태가 심할 때는 외과수술이 필요하다. 항문낭염은 세균에 감염돼 항문낭에 염증이 생겨 분비물이 쌓이는 병이다. 이 병에 걸리면 항문을 바닥에 문지르거나 핥는 행동을 보이기도 한다.

며칠간 변비가 계속되고 장에 가스가 차면 극심한 통증과 탈수증상을 일으키기도 한다. 이 경우 장폐색도 의심할 수 있으므로 복부가 부풀어 오르거나 축 늘어져 꼼짝하지 않을 때는 황급히 병원에 데려가자. 고양이에게는 비교적 장폐색이 많은데 플라스틱이나 비닐, 실보푸, 헝겊, 종이, 금속조각 등을 잘못 삼켜 장이 막히는 것이다.

고양이는 틈만 나면 털 고르기를 하기 때문에 소화관 안에 털 뭉치가 생겨 변비가 되기도 한다. 털 뭉치를 녹이는 푸드도 있으므로 정기적으로 먹여 예방하도록 하자. 털이 긴 고양이라면 빗질을 자주 해주는 것도 좋다.

68 쉬가 잘 안 나와요. 가끔 피도 보이고

배뇨 자세를 취했는데 소변이 나오지 않거나, 기껏 나와도 몇 방울밖에 안 된다. 소변 보는 걸 힘들어 하고 화장실에도 들락날락한다. 혈뇨를 보거나 화장실 이외의 장소에서 소변을 보기도 한다.

이렇게 소변과 관련해 고양이 상태가 이상할 때는 질병을 의심해 볼만하다. 하루 종일 소변을 보지 않으면 매우 위험한 상태이므로 서둘러 대처해야 한다. 자칫하면 목숨을 잃기도 하기 때문이다.

배뇨나 배변은 고양이의 건강상태를 체크할 때 매우 중요한 정보다. 최소한 하루에 한 번은 화장실을 청소하면서 고양이의 배설물이 어떤 상태인지 관찰하자. 이렇게만 해도 건강 이상을 빠르게 알아차릴 수 있다.

소변을 보는 횟수가 많아졌다면 방광염이나 요도염을 의

심할 수 있다. 화장실 모래가 단단히 굳어지거나 고양이가 잔뇨감으로 화장실을 여러 차례 들락거리면 주의해 살펴봐야 한다. 중증일 때는 화장실에 그대로 주저앉기도 하고, 배뇨할 때의 통증으로 우는 고양이도 있다.

또한 요로에 결정이나 결석이 생기는 고양이 하부요로증후군^{배뇨기증후군}이라는 질병이 있다. 요로가 막혀 방광에 오줌이 차고 그대로 방치하면 요독증을 일으켜 목숨을 잃기도 한다. 결석은 암컷에게도 생기지만 요도가 긴 수컷에게 더 많이 발병한다. 수분 섭취량이 적고 미네랄이 과도한 식사를 하거나 운동부족으로 비만인 고양이에게 특히 결석이 생기기 쉽다. 결석에 걸리면 소변 양이 적어지고 혈뇨를 보기도 한다. 요도가 완전히 막히면 소변은 전혀 나오지 않는다. 또한 새어나온 오줌이 뚝뚝 방울처럼 떨어지기도 하므로 화장실 이외의 곳에서 고양이의 오줌을 발견했다면 주의를 기울여야 한다.

혈뇨는 신장이나 방광, 요로에서 출혈이 있을 때에 발생한다. 이들 배뇨기 질환 이외에도 양파를 먹어 중독을 일으키거나 간염이나 부상으로 오줌에 피가 섞여 나오기도 한다. 여하튼 출혈의 원인을 없앤 뒤 치료하는 것이 급선무다.

69 먹어도 먹어도 자꾸 말라요

 고양이는 일반적으로 더위에 약해서 여름이 되면 식욕이 감퇴하고 몸이 마른다. 스트레스나 노화 때문에 몸이 마르기도 한다.

 하지만 나이가 어리고 식욕도 있는데다 특별히 다이어트를 시키지도 않았는데 마른다면? 그때는 건강에 문제가 있을지 모른다. 특히 한 살이 되기까지의 성장기에 체중이 준다면 흔한 일이 아니니 주의해야 한다.

 먹이의 양이 너무 적거나 영양이 부족하면 체중이 늘지 않고 오히려 마르기도 한다. 따라서 성장기에는 양질의 단백질을 중심으로 영양학적으로 균형 잡힌 먹이를 주어야 한다.

 영양 부족이나 노화가 아닌데도 몸이 마른다면 질병에 걸렸을 수도 있다. 기생충, 갑상선기능항진증의 내분비 질환, 당뇨병, 소화기·신장 질환, 종양 등을 의심할 수 있다.

몸 안에 기생충이 있으면 고양이가 섭취할 영양 대부분을 빼앗겨 결국 마른다. 흔히 나타나는 기생충증의 원인은 대부분 회충이나 촌충인데, 구충제를 먹여 치료해야 한다.

갑상선기능항진증은 갑상선에서 분비되는 호르몬의 과잉 분비 때문에 일어난다. 10세가 넘는 나이든 고양이에게 쉽게 발병한다. 식욕은 왕성한데 쉬 마르고 물을 많이 먹고 자주 소변을 보는가 하면 이리저리 활발히 움직이는 바람에 털의 질이 나빠져서 비듬이 생기기도 한다. 이 병도 약을 먹이면 치료할 수 있다.

당뇨병은 유전적인 요소도 있지만 살찐 고양이에게 발병하는 경향이 있다. 따라서 예방차원에서 운동을 시키거나 식사에 주의를 기울인다.

또한 고양이 면역부전 바이러스감염증(일명 고양이 에이즈)에 걸리면 면역 기능이 떨어지면서 2차 질병이 생겨 쉽게 마른다. 그와 동시에 구내염이나 만성 설사, 결막염, 비염이 나타나기도 한다. 이 병에는 백신이나 약이 없다.

급격하게 마를 경우에는 주인이 곧 알아차릴 수 있지만, 서서히 체중이 감소하면 좀처럼 간파하기 어렵다. 따라서 정기적으로 고양이의 체중을 측정하는 습관이 필요하다.

70 너무 먹는데 어쩌죠?

통통하게 살이 찐 고양이는 보기에는 귀엽지만 건강에는 결코 좋지 않다. 움직이는 게 힘들고 늘 하던 점프도 할 수 없게 된다. 또한 관절염이 생겨 걷는 데도 지장이 생기고 심장질환이나 당뇨병으로 이어지기도 한다.

사랑하는 고양이가 늘 건강하길 바란다면 특히 비만 상태가 되지 않도록 신경을 써줘야 한다. 일반적으로 이상적인 체중보다 15퍼센트 이상 불면 비만으로 간주한다. 비만은 소비열량보다 섭취열량이 지나치게 많을 때 생기는데, 섭취열량이 많다는 것은 고열량 식사나 과식, 운동부족 등과 관련이 있다.

따라서 고양이 밥을 먼저 살펴보자. 지방분이 많은 음식은 피하되 영양적으로 균형 잡힌 양질의 캣 푸드를 주는 것이 좋다. 적절한 식사량은 고양이의 운동량에 따라 제각각 다르다. 따라서 푸드에 첨부된 설명서를 그대로 따르기보다는 고양이의 몸무게를 측정하면서 고양이에게 맞는 적당량을 먹이는 게 바람직하다.

그리고 실내에서 키우는 집고양이는 자칫 운동이 부족할 수 있으므로 주의해야 한다. 고양이 타워를 설치해주거나 가구들을 적절히 배치하여 고양이가 오르내리고 점프할 수 있는 생활환경을 만들어준다. 주인이 장난감을 사용해 고양이와 놀아주는 시간을 늘리면 금상첨화다.

고양이의 과식은 질환 때문일 수도 있다. 부신피질 호르몬이 과잉으로 분비되는 쿠싱증후군^{부신피질기능항진증}이 생기면 물을 많이 먹게 되는데 소변양도 많아지고 이상하리만큼 왕성한 식욕을 보여 배가 부풀다 못해 늘어진다. 또한 결장이 확대된 상태인 거대결장증일 때도 고양이는 잘 먹는다.

71 배불뚝이는 곤란한 거죠?

고양이가 살이 찐 것처럼 보일 때가 있다. 그런데 자세히 살펴보면 배만 볼록 부풀어 있는 것을 확인할 수 있다. 임신을 한 것도 아닌데 배가 이상할 정도로 똥똥한 것이다. 이럴 때는 복수 혹은 흉수가 차 있거나 내장이 팽창한 상태다.

건강한 고양이의 배는 지방이 조금 붙어 있고 옆에서 보면 살짝 들어가 있다. 하지만 비만일 때는 배에 지방이 붙어서 늘어지는데, 온몸에 지방이 붙게 되면 전체적으로 몸이 둥글둥글해진다.

고양이 배가 부풀어 있다면 배 전체가 그런지 아니면 일부만 그런지, 만졌을 때 출렁이는 유동감은 없는지 확인해야 한다.

배에 복수가 차 있다면 만졌을 때 출렁이는 유동감이 느껴진다. 복수가 차거나 이상할 만큼 배가 크다면 고양이 전

염성 복막염일 가능성이 있다. 죽음에 이를 수 있는 무서운 병이지만 아직까지 근본적인 치료법도 예방백신도 없다. 심장병, 간염, 사구체신염, 장에 생긴 종양으로 인해 복수가 차기도 한다.

단시간에 배가 부풀어 올랐다면 뱃속에 가스가 찬 것일 수도 있다. 통증으로 괴로워하거나 구토를 할 때는 위염전이나 장폐색을 의심할 수 있다.

또한 고양이 하부요로증후군(비뇨기증후군)이나 방광염, 거대결장증으로 대소변이 차서 하복부가 팽창하기도 한다.

임신하지 않은 암컷이 배가 부풀어 오르고 식욕은 떨어지고 구토나 발열을 하는 경우라면 자궁에 고름이 차는 자궁축농증일 가능성이 있다. 나이 든 고양이가 걸리기 쉬운데 한시라도 빨리 수의사의 진단을 받는 게 좋다. 배가 부풀어 오르는 증상은 대부분 서서히 진행된다. 따라서 평소 고양이를 어루만지면서 몸의 작은 변화를 알아차릴 수 있도록 신경을 써야 한다.

72 침을 많이 흘려요. 냄새도 심하고

 고양이가 침을 많이 흘리고 구취가 심한 데다 식욕까지 떨어지는 사실은 먹고 싶은데 먹지 못하는 때가 있다. 입 속에 어떤 문제가 있으면 그럴 가능성이 있다. 입 속에 염증이 생기면서 통증으로 침을 흘리는 것이다.

 사실 고양이는 구강 안쪽에 병이 걸리기 쉽다. 그 중에 침을 흘리거나 구취가 나는 원인은 주로 치주병 때문이다. 입 속이 불결하면 치태가 쌓이고 이윽고 치석으로 바뀐다. 치석 안에 있는 세균이 증식하여 치주병을 일으키면 고양이의 분홍빛 건강한 잇몸이 빨갛거나 자줏빛으로 변한다. 이 상태를 그대로 방치하면 점차 악화되어 잇몸은 빨갛게 부어오르고 피가 나며 치아가 흔들리다 결국에는 빠진다. 물론 입 속이 아파서 먹으려고 하지 않는 경우도 있다.

 고양이 백혈병 바이러스에 감염되면, 다시 말해 면역력이 약해지면 치주병에 걸리기 쉽다. 또한 감기에 걸려 저항력이 떨어지면 치주병은 더 악화된다.

구내염에 걸린 경우에도 구취가 심하다. 구내염이란 볼 안쪽이나 혀, 잇몸 등의 점막에 염증을 일으키는 질병인데 그 부위가 빨갛게 짓무르고 때로는 피가 나기도 한다. 구내염도 심해지면 통증이 심해져 식욕 부진으로 이어지고 급기야 몸이 마른다. 구내염의 원인은 바이러스 감염이나 당뇨병 같은 질병일 때가 많은데 입 안에 생선뼈 같은 이물질이 끼거나, 약물에 자극을 받았거나, 비타민이 부족할 때 생긴다.

기본적으로 구강내 질환을 예방하기 위해서는 새끼일 때부터 입 속을 자주 관찰하고 칫솔로 이를 닦아주는 습관을 들이는 게 좋다. 칫솔질을 싫어하는 고양이라면 식후에 거즈로 치아를 닦아주면 된다.

치주병도 구내염도 쉽게 재발하기 때문에 병원에서 치태나 치석을 깨끗하게 제거한 뒤 완치될 때까지 꾸준히 치료해준다.

73 물을 너무 많이 먹어요

 물그릇을 엎지른 것도 아닌데 담겨 있던 물이 상당히 줄어 있을 때가 있다. 왜 그럴까? 고양이를 관찰해보면 오랜 시간에 걸쳐서 물을 홀짝거리며 마신다는 걸 알 수 있다. 염분이 많은 것을 먹거나 과식했을 때도 물을 많이 마시긴 하지만, 그렇지 않은 데도 평소보다 많은 양의 물을 마신다면 병에 걸린 게 아닐까 의심해 봐야 한다.

 본디 사막에서 살았던 고양이는 물을 별로 먹지 않아도 충분히 살아갈 수 있다. 일반적으로 몸무게 1킬로그램 당 60~70밀리리터의 수분이 하루치다. 100밀리리터 이상의 다량의 물을 마신다면 문제가 있는 것이다.

 물을 자주 마시는 이유 중 하나로 만성 신부전증을 꼽을 수 있다. 신장 기능이 저하되어 정상적으로 소변을 만들어내지 못하는 질병이다. 만성 신부전이 되면 색이 옅은 소변을 다량으로 보게 돼 많은 물을 마시게 된다. 특히 나이 든 고양이에게 이런 증상이 많이 보인다. 오랜 시간에 걸쳐 서서히 진행되기 때문에 증상을 알아차렸을 때는 이미 상당히 악화되어 있을지 모른다. 한 번 신장 기능을 잃으면 두 번 다시 회복할 수 없으므로 완치는 되지 않고 증상을 완화시킬 뿐이다.

우리 고양이는 물을 많이 먹기는 하지만 평소와 다름없이 생활하니까 괜찮다며 안심하지 말고 건강의 적신호로 여겨 즉시 검사를 받아보자.

당뇨병이나 갑상선기능항진증 같은 내분비 질환에 걸려도 물을 많이 마신다. 이들 질병에 걸리면 비록 식욕이 있어도 몸은 마른다. 나이 든 암고양이라면 자궁에 고름이 차는 자궁축농증도 의심할 수 있다. 어떻든 이른 시기에 발견하여 치료해주는 것이 중요하다.

물을 많이 마시면 소변이 많아지기도 하기 때문에 화장실 상황을 잘 관찰하는 것이 좋다. 또 고양이가 물을 너무 마신다고 해서 물의 양을 제한해서는 안 된다. 자칫 탈수증상이 일어나지 않도록 항상 신선한 물을 준비해준다.

74 감기는 우습게 보면 안 되는데

 고양이도 인간처럼 비염이 생기거나 감기에 걸릴 때가 있다. 콧물을 흘리고 재채기를 하는 게 증상이다. 사실 여러 증상을 한 마디로 감기라고 뭉뚱그리는 경우가 흔하지만 병원체가 하도 여러 가지여서 증상은 조금씩 다르다. 대개 이런 증상은 얼마 지나지 않아 회복되지만 자칫 악화되면 저항력이 없는 새끼는 폐렴으로 진행되기도 하니 주의해야 한다.

 대체로 재채기를 하고 콧물을 줄줄 흘리는 것은 비염 초기증세다. 꽃가루나 집진드기 알레르기, 연기나 약물의 자극에 의한 염증 등 원인은 여러 가지다. 만성 비염이 되면 코 점막은 더욱 민감해져 차가운 외부 공기를 마시기만 해도 재채기를 하게 된다.

 고양이 감기로 인해 악화되기 쉬운 증상은 고양이 헤르페스 바이러스감염증이다. 재채기가 심하고, 누렇고 끈적이는 콧물을 흘린다. 코가 막히면 입으로 호흡을 하게 되며 40도가 넘는 발열 증상이 뒤따르기도 한다. 또한 결막염을 동반해 콧물이나 눈곱이 생기면서 얼굴이 지저분해진다. 저절로 낫기도 하지만 증상이 진행되어 폐렴이 되면 새끼의 경우 죽을 수도 있기 때문에 주의해야 한다.

이 밖에도 고양이 감기는 다양한 양태를 보인다. 재채기와 콧물에 더하여 구내염이 생기는 '고양이 캘리시바이러스 감염증'과 심한 결막염을 일으키는 '고양이 클라미디아 감염증'이 있다. 또한 세균에 의해 코가 붓거나 응어리를 동반하는 크립토코코스증도 있다.

콧물이나 재채기쯤이야 하고 방치하면 병이 깊어져 만성화되기도 하고 부비강염이나 축농증 같은 후유증이 생기기도 한다.

그리고 감염증의 경우 재채기로 침이 튀면 전염되기(비말감염) 때문에 여러 마리의 고양이를 키울 때는 다른 개체와 접촉하지 않도록 하는 게 중요하다. 또한 고양이 헤르페스바이러스감염증과 고양이 캘리시바이러스 감염증에는 백신이 있으므로 접종시켜 예방해주는 게 좋다.

75 몸을 자꾸만 긁어요

 고양이는 가려운 곳이 있으면 뒷발로 긁거나 입으로 물고 핥는다. 벽이나 기둥에 몸을 비벼 가려움증을 해소하기도 한다. 이런 행위는 자주 보게 되는데, 피부병에 걸리면 긁는 동작이 한층 격렬해진다. 여러 차례 이빨로 물다보면 상처가 생기고 염증이 악화되어 화농으로 번지기도 한다. 자칫 하면 그곳으로 세균이 침입하여 전염병을 일으키기도 한다. 고양이가 쉬지 않고 몸을 긁어대면 상태가 더 심해지기 전에 병원부터 데려가자.

 가려움증의 원인은 대부분 벼룩이나 진드기 같은 외부 기생충이다. 기온이 상승하는 봄부터 여름까지 벼룩이 기생하기 쉬운데 벼룩 알레르기성 피부염이 생기면 지독한 가려움증을 동반한다.

 또한 옴 진드기가 기생하는 개선증에 걸리면, 극렬한 가려움증과 비듬이 생긴다. 긁을수록 점차 증상이 악화되어 털이 빠지고 비듬이 단단해져 딱지가 생긴다. 이러면 가려움증으로 잠을 자지 못해 차츰 쇠약해진다.

발톱 진드기 감염증에 걸리면 가려움의 정도는 다소 가볍지만 비듬이 다량으로 발생한다. 이 기생충에 감염된 고양이와 접촉하면 인간도 감염되어 극심한 가려움증과 발진이 일어난다.

그 외에도 알레르기성 질환이나 면역성 이상을 일으키는 내장질환으로 가려움증이 생기기도 한다. 알레르기의 원인을 검사하거나 혈액검사가 필요한지는 수의사와 상담한다.

감염에 의한 피부염은 구충제를 이용하고, 벼룩이나 진드기가 생기지 않는 위생적인 환경을 만듦으로써 예방할 수 있다. 평소 고양이털을 빗질해주면 청결을 유지할 수 있는 동시에 피부 상태도 관찰할 수 있어 조기에 피부병을 발견할 수 있다.

행동이 이상하다면 진찰을 받자

76 털이 너무 빠져요

고양이털은 매일 조금씩 빠지고 다시 새로 난다. 봄부터 여름 사이에 빠지는 털의 양은 증가한다. 그러나 기온의 변화가 적은 실내에서 지내는 고양이는 1년 내내 털이 빠지고 새로 난다.

털이 빠지는 것은 생리현상이므로 특별히 걱정할 필요는 없다. 하지만 어느 한 곳에 집중적으로 빠지거나 이상할 정도로 많은 털이 빠지는 경우에는 피부병이나 내분비 질환, 스트레스일 가능성이 있다.

탈모는 피부 질환에 의해 흔히 발생한다. 최근 증가하는 알레르기성 피부염 혹은 벼룩·진드기가 기생하면서 생기는 가려움 때문에 긁어서 털이 빠지는 일도 잦다.

사상균이 고양이 피부에 감염되어 일으키는 피부 사상균증도 탈모를 일으킨다. 비듬이 생기고 여기저기 원형으로 털이 빠지는 것이 특징이다. 증상이 진행되면 탈모 범위는 점차 커진다. 이 균은 사람에게도 전염되기 때문에 주의해야 한다.

몸 이곳 저곳의 털이 불규칙하게 빠지고 피부에 짓무름이 생기고 궤양을 일으킨다면 육아종을 의심할 수 있다. 가려움증으로 끊임없이 핥거나 긁으면 탈모 범위는 점차 넓어진다.

엉덩이에서 꼬리로 이어지는 부분의 털이 빠진다면 스터드 테일stud tail 미선염을 생각할 수 있다. 꼬리로 이어지는 엉덩이 부분이 세균에 의해 염증이 생기고 통증과 가려움증을 일으키는데 고양이가 이빨로 깨물거나 긁게 되면 탈모가 발생한다.

고양이 몸의 좌우에 대칭으로 탈모현상이 보일 때는 내분비 장애일 가능성이 높다. 부신피질 호르몬이 과잉 분비되는 쿠싱증후군부신피질기능항진증은 등이나 배의 털이 좌우 대칭으로 빠진다.

이 밖에도 고양이는 마음이 섬세하기 때문에 강한 스트레스나 불안을 느껴도 탈모가 생긴다.

77 눈물 나고 눈곱 생기고

투명하게 반짝반짝 빛나는 고양이 눈이야말로 매력 포인트다. 외모만 뛰어난 게 아니라 기능면에서도 빼어나다. 어둠 속에서도 잘 볼 수 있으며 동체시력도 뛰어나다. 태생이 사냥꾼인 고양이에게 눈은 그만큼 중요한 기관이다.

그런 눈 주변에 눈곱이 다닥다닥 붙어 있고 눈물을 질금거릴 때는 눈병이나 감염증을 의심해 볼만하다.

눈곱은 결막에서 분비되는 점액에 노폐물과 먼지가 들러붙어 생긴다. 잠에서 깨면 사람 눈에도 눈곱이 생기는데, 그 양이 많으면 눈에 어떤 문제가 있다는 증거다. 눈곱을 말끔히 떼어주고는 이제 됐다며 안심할 게 아니라 수의사에게 보이자.

누렇고 끈적이는 눈곱이 생기면 결막염일 가능성이 높다. 세균이나 바이러스 감염, 알레르기, 먼지, 싸움으로 인한 외상 등 그 원인은 다양하다. 눈곱 외에도 충혈이 되거나 붓거나 눈물이 나거나 가려움증이 있을 경우 고양이는 앞발로 눈을 비벼 증상을 더욱 악화시키기도 한다. 염증이 심해지면 눈꺼풀이 붓고 눈이 잘 떠지지 않아 각막염이 되기도 한다.

눈물이 많이 나고 누런 눈곱이 생길 때는 유루증일 가능성도 있다. 페르시아 고양이나 히말라야 고양이처럼 흔히 코가 짧은 고양이에게서 자주 볼 수 있는데, 그대로 방치하면 눈 아래의 털이 눈물로 변색된다.

눈꺼풀이 안쪽으로 말리거나 눈썹이 거꾸로 났을 때도 지속적으로 각막을 자극하여 눈물이 계속 흐른다.

눈병은 진행이 빠르기 때문에 2차 감염을 일으키는데 장기화되면 시력장애를 초래하기도 한다. 따라서 다량의 눈곱이 생기거나 눈물을 질금거리면 서둘러 병원에 데려 가자.

또한 증상에 따라 투약해야 하는 약물도 다르므로 스스로 판단하는 것은 절대 금물이다. 치료는 몇 주 동안 꾸준히 받아야 하기 때문에 끈기와 애정으로 보살피겠다는 각오를 해야 한다.

78 눈이 하얘지고 탁해져요

매일 고양이 얼굴을 보고 있으면 눈에 어떤 이상이 생겼는지 자연스럽게 알아차릴 수 있다. 눈이 하얗게 되거나 탁해지거나, 눈부셔 하거나 눈꺼풀이 떨리면 눈에 어떤 문제가 있는 것이다. 또한 고양이가 눈을 가늘게 뜨거나 가물거리면 눈병을 앓고 있다고 보면 된다.

각막에 염증이 생기는 각막염에 걸리면 안구가 하얗고 탁해 보인다. 고양이가 앓는 눈병 중 비교적 많이 볼 수 있는 증상인데 통증을 동반하며 눈꺼풀을 떨기도 한다.

각막염은 먼지나 이물질이 눈에 들어가거나 다른 고양이와 싸우다가 각막을 다치는 외적 요인에 의해 주로 생기는데, 바이러스나 세균에 감염되어 생기는 경우도 있다. 또한 결막염이 장기화되어 각막에까지 염증이 번지거나 안검내반증처럼 눈꺼풀 이상 때문에 생기기도 한다.

안구의 수정체가 하얗고 탁할 때는 백내장을 의심할 수 있다. 고양이는 인간이나 개에 비해 백내장이 많지는 않은데, 노화나 당뇨병 때문에 생기기도 한다. 대부분은 싸우다 입은 외상이 주요 원인이다.

동공이 열린 상태로 있거나 각막이 탁해 보일 때는 녹내장을 의심할 수 있다. 눈의 통증 때문에 고양이는 계속 눈에 신경을 쓴다. 또한 빛에 예민하게 반응하여 어두운 곳에서 웅크리고 있을 때도 있다. 증상이 진행되면 차츰 활기를 잃고 결국 시력을 잃는다. 선천적인 이유도 있지만 대개 다른 질병에 의해 발병한다.

망막이 어떤 원인에 의해 벗겨지는 망막박리, 망막이 위축되는 진행성 망막위축이 생기면 시각·시력장애가 일어난다. 초기 증상이 뚜렷하게 나타나지 않아 알아차렸을 때는 이미 늦다. 벽을 따라서 걷거나 계단 앞에서 주저하거나, 뛰는 동작이 서툴러지는 등 행동에 어떤 변화가 보인다면 시력 저하를 의심할만하다.

79 귀를 자꾸 긁어서 악취가 나요

 고양이가 뒷발로 귀를 긁는 모습을 흔히 볼 수 있다. 너무 자주 긁는다면 귀가 너무 가렵기 때문이다. 귀가 간지러우면 머리를 흔들기도 한다. 너무 세게 긁어서 귀 뒤쪽의 털이 빠지거나 살갗에서 피가 나기도 한다. 그럴 때는 고양이의 귓속을 잘 살펴보고 동시에 냄새도 맡아보자.

 고양이의 귀는 머리 위에 있기 때문에 외이도가 L자형으로 굽어 있다. 정상일 때도 쉽게 귀지가 생기는데 여기에 세균이나 곰팡이가 붙어서 염증을 일으키면 외이염이 된다. 원인은 여러 가지다. 목욕할 때 물이 들어가거나 아토피 같은 알레르기, 이개선증을 일으키는 진드기, 외상 등이 그것이다.

 외이염에 걸리면 고양이는 가려움증으로 귀를 긁거나, 물건에 대고 문지르거나, 머리를 쉬지 않고 흔들기도 한다. 게 다가 고름 같은 귀지가 나와 귓속에서 안 좋은 냄새가 난다.

외이염이 심해지면 중이염을 동반하기도 한다. 그럴 경우 통증이 심해 식욕도 없어진다. 또 귀 안쪽에 발끝을 넣어 긁거나 머리를 크게 흔들기도 한다. 상태가 나쁜 쪽으로 고개를 기울이는 자세를 취하곤 한다. 증상이 더 진행되면 안면마비 같은 신경증상이나 청각장애도 일어난다.

염증이 귀 안쪽으로 번지면 내이염을 동반하는데, 중이염일 때와 같은 행동을 보일 뿐 아니라 평형감각을 잃어 제대로 걷지도 못한다.

외이염은 고양이에게 흔히 있는 증상이지만 그대로 방치하면 중이, 내이로 염증이 깊어지기 때문에 서둘러 치료받는 것이 좋다. 또한 외이염에 걸리지 않기 위해서 평소에 귓속을 청결히 해준다.

80 만지지 말라니까요

 평소처럼 안아 주거나 쓰다듬어 주려고 하는데 고양이가 피할 때가 있다. 평소에는 응석도 잘 부리는 편인데 온종일 방 한구석에 가만히 있다. 배를 만지려고 했더니 비명을 지른다.

 고양이는 이처럼 몸 상태가 안 좋거나 통증을 느낄 때 건드리는 것을 싫어한다. 사람도 아픈 데를 만지면 싫어하기 마련인데, 고양이라고 다를 게 없다.

 등을 쓰다듬었는데 싫어했다면 피부가 아픈 것일지도 모른다. 고양이는 스스로 자신의 털을 고를 수 있는데, 털이 긴 고양이는 스스로 털 관리를 하기 힘들다. 그것도 모르고 주인이 털 관리를 게을리 해주면 털 뭉치가 생기고 그로 인해 피부에 트러블이 생긴다. 머리카락을 잡아당기면 아프듯이 고양이도 마찬가지여서 만지는 것을 거부한다. 그 바람에 털 뭉치가 더 커지는 악순환이 이어진다.

  짧은 털 고양이도 그렇지만, 긴 털 고양이는 특히 정기적으로 빗질을 해주는 것이 좋다. 그리고 털 뭉치가 생겼을 경우에는 아프지 않게 살살 풀어주거나 가위로 잘라준다.

  몸 전체에 통증을 느낀다면 비타민 E 결핍증일 수 있다. 생선만 먹는 고양이에게 일어나기 쉬운데 비타민 E를 주고 균형 잡힌 식사가 되도록 한다.

  골절이나 화상을 입었을 때도 통증으로 몸을 못 만지게 한다. 골절은 부위에 따라 다르지만 부러진 부위 근처가 부어오른다. 고양이는 환부를 감싸듯이 웅크리며, 화상 부위를 혀로 핥기도 한다.

  배를 만졌는데 아파한다면 방광염이나 고양이 하부요도증후군(비뇨기증후군)일 가능성이 있다. 화장실 상태와 고양이의 몸 상태를 잘 살펴 이상하다면 서둘러 병원에 데려간다.

81 걷는 모습이 이상한가요?

고양이는 바깥으로 나가는 일이 잦아서 다칠 때가 많다. 다른 고양이와 싸우거나 날카로운 파편에 발이 찢기기도 한다. 호기심도 왕성하여 이곳 저곳 위험한 곳도 마다하지 않는다. 때로는 높은 곳에서 떨어지거나 교통사고를 당하는 일도 많다.

따라서 다리를 끌거나 한 발로만 땅을 짚고 걷는 등 평소와 다르게 걸을 때는 골절이나 탈구, 부상 등을 의심해야 한다. 골절이나 부상을 입은 발은 아무래도 바닥을 짚기 힘들다. 대신 나머지 세 발로도 능숙하게 균형을 유지하며 걷기 때문에 얼핏 봐서는 다리가 불편한지도 알아차리기 힘들다.

또한 몸이 붓거나 피가 나고 아프기까지 하면 몸에 손도 대지 못하게 한다. 몸 일부를 계속 핥는 등 이상행동을 하면 동물병원에 데리고 가야 한다. 더군다나 높은 곳에서 떨어지거나 사고를 당한 경우에는 외상뿐 아니라 내장이 손상되기도 하므로 주의가 필요하다.

실내에서 키우는 고양이는 좀처럼 큰 부상을 당하지는 않지만, 카펫에 발톱이 걸리거나 발톱이 너무 자라서 발바닥을 파고들기도 한다. 특히 털이 긴 고양이는 발가락 사이에 난 긴 털 때문에 발바닥이 제 역할을 하지 못해 미끄러진다.

뼈가 부러지거나 상처를 입은 것도 아닌데 휘청거리거나 같은 곳을 계속 뱅글뱅글 돈다면 비타민 B1 결핍증일 수 있다. 생선에는 비타민 B1을 분해하는 효소가 포함돼 있어서 물고기가 주식인 고양이는 비타민 B1이 부족하기 쉽다.

또한 내이염이나 전정증후군이라는 신경병에 걸렸을 때도 평형감각을 잃어 휘청거리거나 제자리를 선회하는 행동을 보인다. 이런 경우에는 안구가 가늘게 떨리거나 고개가 기울어져 있다. 그 외에 중독이나 관절염일 수 있으며 나이든 고양이라면 골내종도 의심해 볼만하다.

82 기침에 호흡 곤란까지 왔어요

평소보다 호흡하는 게 가쁘고 고통스러워 보일 때가 있다. 한마디로 호흡곤란에 빠진 것이다.

안정된 상태일 때 고양이의 호흡수는 1분에 25~30회다. 호흡하는 모양도 리드미컬하고 가슴과 배가 비슷한 비율로 부풀었다가 줄어든다. 입은 닫은 채다.

반면 배만 크게 움직이거나 숨을 들이마시기 위해 입만 크게 벌린다면 폐에 중대한 문제가 발생했을 가능성이 있다. 또한 입술이나 혀가 자줏빛이거나 하얄 경우, 침을 흘리고 구토를 할 경우, 잦은 기침을 할 경우 모두 위급한 상황이므로 한시라도 빨리 수의사의 진찰을 받아보자. 고양이는 호흡하기 힘들 때 가슴을 펴듯이 웅크리거나 누워 있는데, 가급적 그 상태 그대로 고양이에게 부담을 주지 않은 채 병원에 데려가자.

호흡곤란을 일으키는 원인은 사고에 의한 큰 부상, 열중증, 호흡기 질환, 악성 종양, 감염증, 심장병, 빈혈 등 매우 다양하다.

호흡기 질환은 가슴 안에 물이 차는 흉강삼출, 공기가 차는 기흉, 고름이 차는 농흉, 그리고 폐렴이나 기관지염 등이 있다. 흉강과 복강 사이에 있는 횡격막이 찢어져 장기가 흉강 내로 들어오는 '횡격막 헤르니아'도 호흡곤란을 일으킨다. 이때는 쇼크 증상을 동반하는데, 배와 가슴 부위를 뭔가에 강하게 부딪치면 그 충격으로 이런 증상이 생긴다.

호흡곤란을 일으키는 감염증으로는, 복수가 흉강으로 들어가 폐를 압박하는 고양이 전염성 복막염, 고양이 헤르페스 바이러스감염증, 고양이 면역부전 바이러스감염증(고양이 에이즈)이 있다.

심장 근육이 정상적으로 기능하지 못하는 심근증이 되면 돌발성 기침을 하다가 호흡곤란에 빠지기도 한다. 개의 대표적인 심장병인 사상충증에 걸리기도 하는데 천식 같은 기침이 계속 이어져 호흡하기 어려워진다.

83 경련과 경기를 일으켜요

사지가 경직된 채 의식을 잃고 쓰러질 때가 있다. 입에 거품을 물고 있는 데다 눈의 초점까지 맞지 않는 상태에 빠지면 고양이 주인으로서는 당혹감에 어찌할 바를 모르게 된다.

하지만 그 어느 때보다도 침착해야 한다. 발작을 일으킨 고양이가 자칫 부딪쳐서 다치지 않도록 주변에 있는 물건들을 신속하게 치우고, 모포로 온몸을 감싸준 뒤, 방 안을 어둡고 조용하게 만들어 안정시켜 줘야 한다. 대개 경련은 몇 분 이내에 잦아드는데 발작이 진정되면 그때 병원에 가서 진찰을 받아보자.

고양이에게도 간질이 있다. 간질은 만성적으로 경련이나 의식장애를 일으키는 뇌 질환이다. 이빨을 부딪쳐 소리를 내거나 입에 거품을 물거나 대소변을 보기도 한다. 발작은 몇 십 초에서 몇 분만에 잦아들지만, 5분 이상 계속되고 하루에 수차례 반복한다면 목숨을 잃을 가능성도 있다. 간질은 선천적으로 생기거나 뇌 질환 때문에 혹은 외상으로 다쳐서 생기기도 한다.

열중증도 경련을 일으키는 원인 중 하나다. 땀샘이 적은 고양이는 단시간에 열중증을 일으킬 수 있는데, 처음에는 호흡이 거칠어지거나 침을 흘린다. 그러다 심해지면 경련이나 구토가 일어난다.

열중증에 걸렸을 경우는 일단 시원한 곳으로 옮긴 뒤 수돗물을 몸에 뿌려 체온을 내려준다. 경련을 일으킬 때는 상당히 위중한 상태이므로 곧바로 병원에 데리고 가자.

수유 중인 어미 고양이가 전신의 경련을 일으킬 때는 저칼슘혈증일 수 있다. 모유로 체내 칼슘이 옮겨가 갑자기 혈중 칼슘이 부족해지면 이런 증상이 일어난다. 또 고양이가 뭔가를 먹은 직후 발작을 일으켰다면 중독일 가능성도 있다.

그 외에도 급성신부전증이나 요독증, 심장발작, 저혈당증, 뇌종양, 사상충증, 골절이나 상처로 인해 경련이 일어나기도 한다. 모두 목숨이 걸린 위중한 경우이므로 한시라도 빨리 병원에 데리고 가자.

84 상처가 좀처럼 낫지 않네요

고양이는 웬만한 상처는 핥아서 스스로 고친다, 는 말들을 자주 한다. 이물질이나 죽은 조직을 혀로 핥아서 제거하면 분명 상처는 빠르게 아문다. 그러나 그것은 상처가 가벼울 때다. 상처가 깊으면 제 아무리 고양이라도 이물질까지 핥아서 제거할 수는 없다. 오히려 입 속에 있는 세균이 상처로 들어가 화농이 심해지기도 한다. 이때는 엘리자베스 칼라_{제 몸을 물어 뜯지 못하게 하는 목보호대}를 사용하여 고양이가 상처를 핥지 못하도록 한다.

집 밖으로 나가는 집고양이 혹은 길고양이는 다른 고양이들과 싸우는 일이 잦다. 사실 싸움을 하다가 다친 상처는 비록 작은 것처럼 보이지만 내상은 깊다. 고양이 이빨은 꽤 예리하고 턱은 강하기 때문이다. 발톱 역시 작아도 날카로워서 피부 깊이 박힌다.

이 상처는 며칠 뒤 곪아 환부가 더 부어오르고 통증도 커져 식욕을 잃게 된다. 무엇보다 무서운 것은 바이러스에 감염되는 것이다. 따라서 싸우다가 다친 상처라고 대수롭지 않게 여기지 말고 주의 깊게 살펴보아야 한다. 상처가 깊다면 병원에서 치료하는 것이 좋다.

병원에서 적절한 치료를 받고 집으로 돌아온 뒤에도 고양이의 행동에 주의를 기울이지 않으면 안 된다. 고양이는 유연하기 때문에 몸 어디든 입이 닿으므로 자칫 감아놓은 붕대를 벗겨 상처를 핥기도 한다. 상처가 더디 낫는 것은 이런 고양이 행동 때문인 경우가 많다.

상처가 가벼워 곪지 않았다면 3~4일에서 1~2주면 낫는다. 그런데 고양이가 상처를 핥아도 좀처럼 나을 기색이 없고 오히려 더 나빠지려고 한다면 감춰진 원인이 있다고 봐야 한다.

이를 테면 얼핏 보기에는 상처 같아도 종양이나 육종일 수 있다. 자연치유가 불가능하다는 얘기다. 또한 고양이 면역부전바이러스^{고양이 에이즈 바이러스}나 고양이 백혈병 바이러스에 감염되었거나, 당뇨병 혹은 내분비성 질환일 경우 면역력이 떨어진 상태이므로 상처가 좀처럼 낫지 않는다.

85 금세 지쳐 움직이기 싫어요

고양이답지 않게 뒹굴뒹굴하며 여유로운 시간을 보내려고 하지도 않고, 놀자고 손을 내밀어도 그저 웅크리고 있다면 몸 어딘가가 좋지 않다는 증거다.

만일 고양이가 쉽게 지치고 좀처럼 움직이려고 하지 않는다면 빈혈일지 모른다. 빈혈이란 혈중 적혈구의 숫자나 적혈구 안의 헤모글로빈 양이 정상 범위 이하인 상태를 가리킨다. 적혈구는 산소를 몸 구석구석까지 운반하는 역할을 하는데 빈혈이 되면 산소 운반이 원활히 이뤄지지 않는다. 그 결과 식욕과 활기를 잃고 조금만 움직여도 숨을 헐떡거린다.

빈혈을 일으키는 원인은 다양하다. 골수 질환에 의해 적혈구가 충분히 생성되지 않는 고양이 백혈병 바이러스나 고양이 면역부전 바이러스에 감염됐을 때, 악성 종양일 때 빈혈이 된다.

또한 적혈구가 비정상적으로 일찍 파괴되어 빈혈이 심해지는 용혈성 빈혈도 있다. 신부전 질환 외에도 해열진통제, 살충제에 의한 중독이 원인이 되기도 하며 특이하게 식재료인 파가 문제를 일으키기도 하므로 고양이가 먹지 않도록 주의를 기울이자.

나이 든 고양이는 조금만 움직여도 쉽게 지쳐 운동량이 줄어드는데, 아직 어린 고양이가 운동을 하지 않고, 2~3분만 움직여도 호흡이 거칠어진다면 심장 질환을 의심해 볼 만하다.

심장병 중에 흔한 것은 심장의 근육이 정상적으로 기능하지 않는 심근증이다. 쉽게 지치는 증상 외에도 복수가 차거나 호흡곤란, 사지 부종 같은 증상을 동반한다. 또한 혈관을 막는 핏덩어리(혈전)가 생기기도 하는데 매우 위중한 증상이다. 복부를 지나는 대동맥에 혈전이 생기면 뒷다리가 마비된다.

또한 고양이는 골절이나 부상을 입으면 눈에 띄지 않는 으슥한 곳에 숨어서 꼼짝도 하지 않는다. 움직이지 않음으로써 체력을 보존하고 안전한 곳에서 회복되기를 기다리는 것이다. 야생에서 얻은 지혜가 여전히 남아 있는 것이다.

86 코를 너무 심하게 골아요

고양이의 잠든 모습은 사랑스럽고 귀엽다. 고양이가 일정하게 내는 숨소리를 듣고 있으면 저절로 마음이 편안해져 미소를 머금게 된다. 그 와중에 코를 고는 고양이가 종종 있다. 규칙적으로 작게 들리는 소리면 그다지 걱정하지 않아도 된다. 그 소리가 너무 크거나 호흡이 거칠면 주의할 필요가 있다.

호흡이 이뤄질 때 공기는 코입·목·기관·기관지·폐를 지난다. 공기가 지나는 통로가 충분히 넓으면 원활하게 흐르지만, 수면 중 몸이 이완되어 통로 일부가 좁아지면 공기가 진동하여 코를 골게 된다. 코가 납작한 페르시아 고양이나 히말라야 고양이 같은 종은 비강이 좁아 쉽게 코를 곤다.

코골이의 원인으로는 비만이나 부비강염, 비염 등의 질환, 바이러스 감염 등을 꼽을 수 있다. 비만인 고양이는 목 주변에 지방이 붙어서 공기가 지나는 통로가 좁아지고 그 결과로 코를 곤다. 코골이의 주 원인이므로 다이어트가 선결되어야 한다. 당연히 식생활 개선과 운동을 겸해야 한다.

또한 코 점막이나 콧속 공동, 부비강에 염증이 생기면 코가 막혀 비강의 공기 저항이 커지기 때문에 코를 골기도 한다. 비염이나 부비강염은 고양이 바이러스성비기관지염^{고양이 헤르페스 바이러스감염증}이나 고양이 칼리시바이러스 감염증 같은 감기 또는 세균성 감염증에 의해 발병하기도 하며 발열, 재채기, 콧물 같은 증상을 나타낸다.

나이가 들어 코를 골게 되고, 수면 중 코골이가 점차 심해지는 경우는 대개 병 때문이다. 평소의 호흡과 비슷하더라도 잡음이 섞여 있거나 호흡이 순간순간 멈춘다면 서둘러 수의사에게 진찰받는 게 좋다.

87 고양이 에이즈라고 들어보셨나요?

고양이에게도 에이즈가 있다는 사실은 잘 알지만 그 내용을 자세히 알고 있는 사람은 그다지 많지 않다. 먼저 알아둘 것. 고양이 에이즈는 인간의 에이즈와는 달라서 인간을 감염시키지는 않는다. 그런데도 감염을 우려해 에이즈에 걸린 고양이를 버리거나 안락사를 고려하는 사람이 있다. 다시 한 번 말하지만 고양이 에이즈는 인간에게 전염되지 않는다.

고양이 에이즈의 정확한 명칭은 고양이 후천성 면역부전 증후군이다. 고양이 면역부전 바이러스^{FIV}에 감염되는 것으로 고양이를 비롯해 고양이속 포유류에게 일어나는 모든 증상을 가리킨다.

FIV에 감염된 후에 증상이 진행되면 면역기능이 떨어지므로 건강할 때는 전혀 문제가 되지 않던 미생물로도 심각한 증상이 나타난다. 이것을 '일화견감염'이라고 말한다.

FIV에 감염되기만 했다면 다른 고양이처럼 평범하게 생활할 수 있다. 하지만 증상이 더 진행되면 결국 죽음에 이르고 마는 것이 고양이 에이즈다.

인간의 에이즈가 혈액이나 정액으로 감염되듯이 고양이도 피 흘리는 싸움이나 교미에 의해서 감염된다. 또한 인간처럼 모자감염도 있다. 결국 에이즈 바이러스를 가진 어미에게서 태어난 새끼는 에이즈에 걸릴 가능성이 높다.

유감스럽게도 고양이 에이즈의 근본적인 치료법은 아직까지 찾아내지 못했다. 따라서 증상이 나타나면 일일이 증상에 대처하는 수밖에 없다.

귀엽고 사랑스러운 고양이를 에이즈로부터 지키기 위한 최고의 방법은 실내에서 키우는 것이다. 밖에 나가 다른 고양이와 접촉하지 않는다면 에이즈 감염은 100퍼센트 막을 수 있다.

column 4
나 홀로 집 지키면 어떤지 아세요?

내 이름은 치비예요. 생후 3개월 된 새끼 고양이지요. 나는 집사랑 살아요. 하지만 집사가 일하러 나가면 오로지 나 혼자만의 시간이 시작되지요.

싱크대 가장자리를 아슬아슬 걷기도 하고, 집사의 침대 위에 올라가 점프하기도 하고, 테이블을 디딤돌 삼아 책장 위로 뛰어오르기도 해요. 얼마나 재미있다고요.

결코 잊어서는 안 되는 게 창가 순찰입니다. 근처에 있는 고양이들이 나의 소중한 영역에 들어오지 못하도록 철저히 감시합니다. 그러는 중에 슬며시 잠이 들어요.

뉘엿뉘엿 해가 기울고 하늘이 석양으로 붉게 물들면 그제서야 나는 잠에서 깨죠. 그러면 왠지 모르게 가슴이 술렁대요. 배가 고픈 것도 아닌데 무엇 때문인지 가슴이 먹먹해집니다. 장난감을 가지고 놀아도 즐겁지 않고, 발톱을 갈아도 전혀 개운하지 않아요.

그러면 나는 어쩔 수 없이 웅크리고 눈을 감아요. 그러면 외로움이 밀려오고 다시 잠이 들어요.

얼마나 시간이 흘렀을까요? 익숙한 냄새가 코끝에 살랑대고 따뜻한 손길이 나의 머리를 쓰다듬지요. 기뻐서 눈을 뜨니 집사가 나를 보고 웃고 있어요.

"다녀왔어. 치비. 혼자 둬서 미안."
"야옹."

5장

고양이와 해피 투게더!

88 암컷과 수컷, 어느 쪽이 키우기 쉽냐구요?

 얌전이, 말썽꾸러기, 응석받이……. 고양이의 개성은 참으로 다양한데 수컷과 암컷에 따라 성격도 상당히 다르다. 수컷과 암컷은 각기 다른 매력이 있어서 어느 쪽을 선택해야 할지 주저하게 된다. 처음 고양이를 키우는 사람이라면 대략이라도 성격 차이를 이해하고 자신에게 맞는 고양이를 맞이하는 것이 좋다.

 먼저, 수컷은 상대적으로 활발하고 개구쟁이가 많다. 사람에게 먼저 다가와 응석을 부리며 함께 노는 것을 좋아한다. 남자 아이가 응석받이에 독점욕이 강한 성향이 있듯이 수고양이도 제 스스로 다가와서는 쓰다듬어 달라, 놀아달라며 조른다. 때문에 고양이와 노는 걸 좋아하는 타입의 사람과 찰떡궁합이다. 반면 고양이와 잘 놀아주지 못하거나 마주할 시간이 별로 없는 사람이면 서로 상대에 대해 욕구 불만이 쌓이기 쉽다.

  암고양이는 자립적이고 매우 똑 부러지는 타입이 많다. 먼저 다가와서 응석을 부리는 일은 매우 드물다는 뜻이다. 그러나 오만해 보이는 고양이에게 매력을 느끼는 사람이라면 변덕스러운 암고양이가 딱이다. 서로 간섭하지 않으며 살고 싶거나 고양이와 놀 시간이 없는 사람은 암고양이와 함께 스트레스 없이 살아갈 수 있다.

  체격도 수고양이가 다부지고 근육질인데 비해 암고양이는 매끈하고 날씬하여 취향에 따라서 선택하면 좋겠다. 단, 성별보다는 개체마다 성격차가 더 크기 때문에 고양이 개개의 개성을 존중해주는 편이 현명하다.

  수고양이와 암고양이를 함께 키울 때도 있는데 그때는 가급적 어릴 적부터 함께 사는 게 좋다. 커플 사이에서 새끼를 얻을지, 피임을 할 것인지도 미리 결정하자.

89 여러 마리를 키울 때는 뭘 주의하죠?

 고양이를 키우다 보면 가끔은, 역시 한 마리는 외로워, 늘 혼자여서 친구를 만들어주면 좋아할 거야, 라고 생각하게 된다. 그런 마음이 반복해서 생기면 얼마 안 가 여러 마리의 고양이가 집안을 돌아다니는 광경을 보게 된다.
 그러나 그런 생각은 어디까지나 인간의 생각일 뿐이다. 어쩌면 고양이는 마음속으로 이렇게 부르짖는 건 아닐까.
 "혼자서도 충분히 만족스럽거든, 쓸데없는 짓은 말아줘!"
 리더를 필두로 무리 지어 생활하는 늑대나 개와 달리 고양이는 몇 만 년 동안을 단독으로 생활해왔다. 따라서 홀로 살아가는 게 자연스럽다. 오히려 여러 고양이와 사는 게 부자연스럽다.
 그런 관점에서 보면, 여러 마리의 고양이와 함께 지내는 것은 결코 고양이가 원하는 바가 아니다. 부모님 댁에서 더 이상 키울 수 없게 된 고양이를 데려오든, 아무도 돌보지 않는 길고양이를 데려오든, 여러 마리를 키울 때는 나름의 각오가 필요하다.

기본적으로 나중에 들어오는 고양이가 어리고 다른 성별이라면 원만한 관계가 형성될 가능성이 높다. 그럼에도 터줏대감인 고양이로서는 누군가 자신의 영역을 침범해오는 것은 큰 스트레스다. 때문에 먼저 키우던 고양이를 심리적으로 안심시키는 것이 무엇보다 중요하다.

자칫 나중에 들어온 고양이를 손님으로 대우해 주다 보면 원래 있던 고양이에게 은연중에 "네가 참아"라고 말하기 쉬운데 이것은 절대 금물이다. 자신의 영역과 주인의 사랑을 독점하지 못하게 된 터줏대감으로서는 신입 고양이가 미워 처절하게 공격하거나, 정반대로 완전히 기가 죽어 위축되기도 한다.

여러 마리의 고양이를 키울 때도 새끼일 때부터 키우는 것이 좋다. 키우는 도중에 개체수를 늘릴 생각이라면 신중하게 준비해야 한다.

90 새로운 친구는 어떻게 맞이하냐고요?

고양이는 단독으로 생활하는 동물이지만 다른 누군가와 함께 살아야만 하는 상황이 올 수 있다. 그럴 때는 원래 있던 고양이가 어떻게 받아들일지 충분히 고민하고 배려해야 한다. 집에서 키우는 고양이가 이미 있는데 애완동물 숍에서 본 고양이가 너무 귀여워 무심코 사들였다면 고양이들에게는 다소 가여운 일이다. 고양이는 장난감이 아니니까 말이다.

따라서 충분히 그들의 마음을 이해하려고 노력하고 사이좋게 살아갈 수 있는 환경을 만들어 주어야만 한다. 함께 살기 위해서는 먼저 서로를 인식하고 원만하게 받아들일 수 있도록 사전에 준비하는 과정이 필요하다.

구체적인 방법을 살펴보면, 신입 고양이의 냄새가 묻은 타월이나 모포 조각을 터줏대감 고양이 근처에 자연스럽게 놓

아둔다. 그와 동시에 신입 고양이에게도 터줏대감 고양이의 냄새를 맡게 하여 서로 상대의 냄새를 확인시킨다. 이 단계가 매우 중요하다.

첫날엔 신입 고양이를 먼저 방에 넣어 1시간 정도 혼자서 충분히 주변을 탐색하도록 함으로써 새로운 환경에 익숙해지게 한다. 그 다음에 터줏대감 고양이를 방에 넣는다. 이때 신입 고양이가 구석에 숨어 있으면 억지로 끄집어내지 말고 스스로 나올 때까지 충분히 시간을 주자.

단독생활에 익숙한 고양이일지라도 같은 공간에 다른 고양이가 있으면 적절한 거리를 유지하는 데 능숙하므로 일단은 조용히 지켜보는 것이 바람직하다. 이때 주인이 두 고양이를 나란히 가슴에 안고서 "친하게 잘 지내"라고 인사를 시키며 억지로 가깝게 만들려고 해서는 안 된다.

궁합이 좋은 고양이라면 신입이 들어온 바로 그날부터 친해지기도 하지만, 일주일간 서로 안전거리를 두는 상황이 이어지기도 한다. 비록 시간은 걸리겠지만 조만간 두 고양이는 서로에게 익숙해진다.

아주 드물기는 하지만, 영역을 침범당한 터줏대감 고양이가 새로 온 고양이를 맹렬히 공격하기도 한다. 이때는 즉시

고양이를 타월로 감싸 두 마리를 따로 격리시킨다. 이런 상황에서는 지구전을 벌일 각오를 하고 오랜 시간에 걸쳐 차츰 상대에게 익숙해지도록 돕는 방법밖에 없다. 이때도 터줏대감 고양이의 마음을 존중해주는 것이 둘의 관계를 개선하는 첫 번째 요령이다.

91 몇 살 때부터 키우는 게 좋을까?

 애완동물 숍을 지나다 보면 귀여운 새끼 고양이를 무심코 안아보고 싶을 때가 있다. 세상의 모든 새끼들은 다른 동물의 공격을 피하기 위해 순진무구하고 귀여운 용모를 갖게 된다는 설도 있지만, 설령 그게 사실이 아니더라도 강아지나 새끼 고양이는 우리의 모성본능을 자극하기에 충분하다.
 숍에서는 가급적 어린 시기에 팔려고 생후 2개월 이내의 새끼 고양이를 내놓기도 한다. 그러나 너무 일찍 어미 곁을 떠나면 정서불안이 생기거나 불안감이 강한 고양이가 되기 때문에 가급적 생후 2개월 이후부터 키우는 게 바람직하다.
 일반적으로 생후 2~4개월이 되었을 때부터 키우는 게 좋다고 알려져 있다. 다만 새끼 고양이의 성장은 놀라울 만큼 빠르다는 점을 염두에 두자. 태어난 첫 주에는 눈도 보이지 않지만 2개월쯤 되면 젖을 떼고 사냥 훈련도 할 수 있다. 따라서 타이밍을 조금만 놓쳐도 사람을 따르지 않거나 대소변 훈련 시기를 놓치게 되므로 생후 2개월부터 4개월 사이에 시도하는 게 바람직하다.

고양이를 집으로 데리고 왔으면 무엇보다 새로운 환경에 익숙해지도록 하는 것이 중요하다. 지나치게 참견했다가는 오히려 역효과만 난다. 따라서 새끼 고양이가 자유롭게 이곳저곳 탐색할 수 있도록 조용히 지켜보자.

서서히 새로운 환경에 익숙해지면 끈기 있게 대소변 훈련을 시키고 식생활 규칙과 집에서 지켜야 하는 여러 규칙도 가르치도록 한다.

그와 동시에 가급적 빨리 근처 동물병원을 방문하여 고양이를 돌봐줄 단골 수의사를 물색해두는 것도 잊지 말자.

92 몇 살까지 사냐구요?

 개나 고양이는 1년에 네 살씩 나이를 먹는다고들 한다. 과연 사실일까? 네 살 이후부터는 그렇다고 봐도 무방하다. 그 전까지는 엄청나게 빠른 속도로 발육한다. 생후 일주일 만에 눈을 뜨고 2주째부터 이빨이 나면서 이유식을 시작한다. 생후 3개월 즈음에는 놀이를 익히고 6개월에는 영구치가 나며 9개월에는 첫 발정을 경험할 만큼 놀라운 속도로 성숙한다.

 한 살 생일을 맞이할 무렵이면 인간의 수명으로 칠 때 17~18세가 된다. 암고양이는 임신과 출산도 가능하므로 성장 속도가 그야말로 질풍노도 같다고 할만하다. 그러나 이즈음부터는 매년 네 살씩 나이를 먹으며 서서히 늙어간다.

 고양이의 수명은 대략 10~15년인데 최근에는 15세를 넘기는 경우도 적지 않아서 집고양이 중에 20년 넘도록 건강하게 장수하는 경우도 있다. 고양이 나이 스무 살이면 인간

나이로 96세에 해당하니 그야말로 장수라고 할 수 있다.

이 무렵이 되면 백내장과 신장병이 증가하므로 노묘^{老猫}의 간병이 새로운 문제로 대두된다. 처음엔 작고 귀여웠던 고양이가 어느 사이엔가 나이를 먹게 된 것인데 주인도 같이 늙어가는 상황이니 실질적인 고령화 대책을 찾아야 한다.

그러나 평균수명 열 살을 넘기는 것은 집에서 캣 푸드를 먹으며 자란 집고양이에 국한된 얘기다. 길고양이의 평균수명은 지금도 고작 5년 정도다.

일반적으로 수컷보다는 암컷이 오래 산다. 열 살을 넘긴 고양이의 성비율을 보면 수컷이 40퍼센트, 암컷이 60퍼센트로 인간과 비슷하다.

93 집에 혼자 남겨둘 때는 제발

출장이나 여행을 위해 집에서 멀리 나가야 할 때 제일 먼저 고민하게 되는 것이 부재중 고양이를 돌봐줄 사람을 찾는 일이다.

고양이를 집에 혼자 두고 가는 게 걱정이야, 혼자 있으면 분명 외로울 텐데, 하며 가슴 아파하는 사람도 많지만 하루 이틀 정도는 집을 비워도 괜찮다. 집단생활을 하지 않는 고양이는 하루나 이틀 정도 자신을 돌봐주는 사람이 없어도 공황 상태에 빠지지 않는다.

쾌적한 환경에서 평소처럼 생활할 수 있다면 담담히 자신의 생활을 이어갈 수 있는 게 고양이다. 따라서 고양이를 혼자 둘 때는 외로울까봐 걱정하기보다는 쾌적한 생활을 어떻게 유지하게 해 줄 것인지를 제일 먼저 고려해야 한다.

1박 2일 정도의 외출이라면 늘 먹던 건식 푸드와 충분한

물, 청결한 화장실만 준비해줘도 된다. 다소 예민한 고양이는 소변을 참다 방광염이 되기도 하므로 깨끗한 화장실을 2개 마련해 놓는 게 좋다.

다만 무더운 여름은 체온조절에 서툰 고양이에게 견디기 힘든 계절이므로 에어컨을 제습 혹은 약냉으로 설정해 틀어두는 게 낫다. 창을 조금 열어 바람이 들어오게 하는 것도 좋지만 방범상의 문제도 있으니 에어컨을 적절히 활용하도록 하자.

또한 추운 겨울철에는 고타츠와 평소 사용하는 모포나 타월을 여러 개 준비하여 고양이가 스스로 따뜻하게 자신의 체온을 유지할 수 있도록 한다. 이때 난방 기구는 화재의 위험을 고려하여 전원을 꺼둔다.

만일 3박 이상의 긴 외박을 해야 하는 경우에는 애묘호텔이나 동물병원의 숙박시설을 이용한다. 외출 당일 갑자기 맡기기보다는 사전에 예행연습을 통해 고양이가 새로운 환경을 큰 불편 없이 받아들일 수 있도록 해준다. 가능하다면 평소 고양이와 잘 지내는 가족이나 친구 집에 맡겨 어떻게 지내는지 살펴보는 것이 가장 좋다.

94 고양이와 함께 여행하고 싶다고요?

고양이가 만족스러운 표정으로 온천욕을 즐기는 TV 광고를 본 적이 있을 거다. 고양이를 키우는 사람이라면 광고처럼 한 번쯤은 사랑스러운 고양이와 함께 떠나는 즐거운 여행을 꿈꿔 봤을 것이다.

최근 일본에서는 고양이랑 즐거운 여행을 만끽하려는 수요가 증가했는지 '고양이와 떠나는 여행상품'이 속속 등장해 히트 상품이 되었다. 이런 추세에 발맞춰 고양이와 묵는 숙박시설에서는 고양이를 위한 최고급 식사를 제공하고 특제 고양이 타워를 설치하는 등 소비자 취향에 맞춘 환경을 갖추고 있다.

고양이와 함께 여행을 떠나는 트렌드가 생기긴 했지만, 고양이 역시 행복해 하는지는 다소 의문이다. 따라서 고양이와 즐겁게 여행하기 위해서는 출발하기 전에 몇 가지 극복할 것이 있다.

- 🐾 줄에 묶어도 저항 없이 움직일 수 있을 것.
- 🐾 이동장에 넣어 이동하는 것도 싫어하지 않을 것.
- 🐾 자동차에 타도 멀미를 하지 않을 것.
- 🐾 성격적으로 외출하는 것을 싫어하지 않고 낙천적일 것.

훈련으로 고양이의 성격을 변화시킬 수는 없기 때문에 위의 사항 중에서 가장 해결하기 어려운 것은 아무래도 성격이다. 특히 여행을 하다 보면 낯선 환경에 놀라 도망칠 확률도 높으므로 철저히 보호해야 한다.

고춧가루를 뿌리는 말 같지만, 고양이의 입장에서는 주인과 함께 여행하는 것보다는 집에서 혼자 편하게 있는 것을 몇 배는 좋아할 게 뻔하다. 여행을 떠나고 싶은 사람과 집에 있고 싶은 고양이, 어느 쪽을 선택할 것인지는 주인 몫이다.

95 고양이 블로그부터 둘러 보세요

고양이를 사랑하는 사람들은 "고양이를 바라보고 있으면 시간이 어떻게 흐르는지 모르겠다"거나 "몇 시간을 봐도 전혀 질리지 않는다"고 말한다. 그러다 보니 고양이와 함께하는 동안에 맛본 즐거움과 고양이에 대한 정보를 다른 사람과 공유하고 싶어 입이 근질근질해진다.

이럴 때는 인터넷을 활용해보자. 여러 방법이 있겠지만, 먼저 고양이 집사들의 블로그를 방문해본다. 검색란에 '고양이 블로그'라고 입력만 해도 많은 사이트를 검색할 수 있다.

많은 블로거들이 자신이 키우는 고양이의 귀여운 사진들을 올려 놓아서 그냥 보고만 있어도 즐거워진다. 공감하는 친구가 되고 싶다면 '좋아요'를 클릭하고 자신의 생각을 짧은 글로 남겨도 좋다.

이때 느닷없이 친구가 되자고 요구하지는 말자. 인터넷은 상대방의 얼굴이 보이지 않으므로 적당한 거리감을 유지하는 게 중요하다. 자주 방문해 자신의 생각을 글로 남김으로써 먼저 자신의 존재를 알리고 서서히 친해지는 게 좋다.

아울러 블로거가 돌보는 고양이를 칭찬해보자. 거의 모든 블로거는 '내 고양이가 제일 예쁘다'는 생각으로 글과 사진을 게재하므로 칭찬 한 마디로도 상대를 기쁘게 한다.

단, 인터넷 상에서 교류할 때는 몇 가지 주의할 사항이 있다. 먼저 상대 블로거의 고양이를 어떤 호칭으로 부르느냐는 것이다. 예컨대 블로거가 '우리 다마는……'이라는 식으로 이름을 부른다고 해서 똑같이 '다마'라고 부르면 안 된다. 얼굴도 모르는 타인이 자신의 소중한 고양이의 이름을 마구 부르면 그리 기분이 좋지는 않을 테니 말이다.

또 고양이 사육 방식에 의견 차이가 있다고 해서 상대를 비판해서는 안 된다. 인터넷 상에서 서로 의견을 주고받다 보면 본의 아니게 오해가 생기기도 하고 문제가 생기도 한다. 따라서 '이 사람과는 맞지 않는다'고 생각된다면 잠자코 그곳을 떠나면 된다. 그것이 올바른 인터넷 매너다.

96 이렇게 찍어주세욤
매력만점 고양이 사진 찍기 ①

블로거들이 올린 고양이 사진을 보고 있으면 우리 고양이가 더 예쁜데, 우리 고양이 사진을 올리면 더 인기를 끌 텐데, 라는 생각이 들 때가 있다.

그렇다면 직접 '고양이 블로그'를 개설하는 것도 좋다. 최근에는 컴퓨터가 없어도 스마트폰의 어플리케이션으로 간단히 블로그를 개설할 수 있으니 과감하게 도전해보자.

고양이 블로그에서 가장 중요한 것은 단연코 사진이다. 최고의 표정과 몸짓을 사진에 담아보려면 몇 가지 요령이 필요하다.

1. 평소에 고양이의 행동을 확인한다

어디서 쉬는지, 그곳에서는 평소 어떤 몸짓을 하는지 알아두면 최고의 순간을 카메라에 담을 수 있다.

2. 부드럽게 말을 건네 긴장을 풀어준다

사진을 찍으려고 잔뜩 긴장해 있으면 그 긴장은 고양이에게도 전해진다. "여기 봐, 소피아"라고 이름을 부르면서 "예쁘다"는 말을 계속 건넨다.

3. 촬영 중 큰 소리로 놀래키지 않도록 주의한다

고양이는 섬세한 동물이라서 큰 소리를 싫어한다. 한 번 카메라를 무서워하게 되면, 이후 카메라를 보기만 해도 도망친다. 특히 처음이 중요하니 주의한다.

4. 방 안에서 촬영할 경우에는 가급적 밝은 곳에서 찍는다

시간에 따라 빛의 양이 변하므로 사진 이미지도 달라진다. 그것을 이해하고 나서 촬영하면 좋은 사진을 얻을 수 있다.

5. 고양이의 시선과 같은 높이에서 찍는다

눕거나 웅크려서 고양이와 시선을 맞추면 자연스러운 표정을 카메라에 담을 수 있다.

6. 정면이 아니라 옆에서 빛이 들어올 때 찍는다

옆으로 들어오는 빛을 받으면 털의 질감을 입체적으로 표현한 사진을 얻을 수 있다.

97 어때요, 폼나죠?
매력만점 고양이 사진 찍기 ②

고양이는 표정이 매우 풍부하다. 그러나 촬영방법에 따라서 그 표정은 살기도 죽기도 한다. 사진 찍는 요령을 익혀 최고의 장면을 카메라에 담아보자.

1. 늠름한 모습 살리기
예컨대 고양이 타워에서 노는 고양이를 아래에서 찍어보자. 그러면 늠름한 표정을 담을 수 있다.

2. 사랑스러운 표정 담아내기
발 아래로 살며시 다가온 고양이가 올려다보는 표정을 지을 때 사진을 찍으면 얼굴이 작게 보여 더욱 사랑스러워 보인다.

3. 역동적인 사진도 매력적이다

셔터속도가 고양이의 움직임을 따라잡지 못하면 사진이 흔들리는데, 가급적 실내를 환하게 밝혀서 촬영한다. 어두우면 셔터속도가 느려지기 때문이다.

4. 가장 중요한 것은 손 떨림을 없애는 것

먼저, 카메라 본체를 양손으로 단단히 잡는 것이 기본. 또한 몸이 움직이지 않게 벽에 기대어 안정된 자세에서 촬영한다.

5. 클로즈업할 때는 내가 다가갈 것

줌 기능을 사용하여 클로즈업하면 아무래도 손 떨림이 생기기 쉽다.

6. 좀 더 나은 촬영법 '바운스 촬영'에 도전한다

피사체에 직접 플래시를 터뜨리는 게 아니라 천정이나 벽을 향해 플래시를 터뜨려 그 반사광으로 촬영하는 방법인데, 부드러운 분위기의 사진을 얻을 수 있다.

7. 빨간눈방지 적목방지 기능 활용하기

눈이 번쩍 빛나면 인상이 무섭게 변하고 만다.

마지막으로 보정하지 않은 사진을 그대로 올려도 좋지만, 말풍선을 달고 '어머나!' '좋아요!' 같은 말로 고양이의 마음을 대변하면 사진의 느낌을 충분히 살릴 수 있다.

98 고양이 카페에 가보셨어요?

 향기로운 차를 마시면서 여러 고양이들과 친해질 수 있는 고양이 카페가 있다. 고양이를 사랑하는 사람들이 모든 것을 잊고 즐길 수 있는 공간이다. 고양이를 키우고 싶어도 어떤 사정으로 보류해둔 사람에게는 그야말로 동경의 장소가 아닐 수 없다.

 물론 카페마다 고양이의 종류도 분위기도 천차만별이지만 이곳에서 즐기는 요령은 모두 같다. 그것만 알아두면 고양이들과 한층 즐거운 시간을 보낼 수 있다.

 카페에 있는 고양이들은 거리에서 만나는 길고양이들보다 사람을 잘 따른다. 그러나 갑자기 안거나 쫓아가면 무서워서 도망친다. 따라서 고양이의 컨디션에 맞춰서 행동하는 것이 중요하다.

 예를 들어, 손가락을 고양이 앞에 내밀고 고양이가 먼저 다가오기를 가만히 기다린다. 고양이 얼굴 앞으로 손가락을 내밀면 냄새를 맡으러 다가오는 습성이 있기 때문에 다가와 손가락을 핥는다. 그러면 친해지기 위한 첫 단추는 꿴 것이다.

그렇다고 친한 척 쓰다듬으면 경계심이 발동해 도망치기도 하므로 잠시 동안 고양이가 하는 대로 내버려둔다. 조용히 수동적인 태도로 고양이가 경계를 풀 때까지 기다리는 거다. 어느 정도 시간이 지난 뒤 다가와서 머리나 몸을 부비부비 하며 친밀감을 표현해오면 놀라지 않게 살며시 쓰다듬어주자.

고양이마다 개성이 있어서 단언할 수는 없지만, 쓰다듬을 때 좋아하는 부위는 이마와 턱 아래, 볼, 귀 뒤다. 초보자라도 볼이나 턱 아래를 쓰다듬어줄 텐데 이때 부드럽게 어루만져주는 게 포인트다.

장난감을 사용하여 주의를 끌 때는 방석 아래나 자신의 발 사이로 살며시 내밀어서 쥐가 움직이는 것처럼 흔들어주면 흥분하여 달려든다. 사냥본능을 자극하도록 움직여주는 게 요령이다.

99 캣 푸드라고 모두 안전한 건 아니에요

일본에서는 고양이를 '가축'으로 취급한다. 단, 소나 돼지, 닭과는 다르게 분류한다. 일반적으로 가축은 건강상태를 농림수산성으로부터 감독을 받을 뿐 아니라 먹이에 관한 일정 기준도 있다. 소, 돼지, 닭은 사람 입으로 들어가기 때문이다. 소나 돼지의 몸 속에 인간에게 유해한 성분이 남지 않게 하고, 광우병이나 구제역 같은 심각한 질병이 발견되면 살처분한다.

그러나 고양이에 관한 한 먹이에 대한 기준도, 질병에 대한 대응 방침도 전혀 마련되어 있지 않다. 사람의 입 속으로 들어가는 가축이 아니기 때문이다. 따라서 캣 푸드에 대한 어떤 규제도 없다. 물론 캣 푸드 제조사가 고양이에게 유해한 것을 만들지는 않을 테지만, 평생 먹여도 안전하다는 근거는 어디에도 없다.

캣 푸드를 제조할 때는 고양이의 건강을 우선하는 경우와 맛을 우선하는 경우가 있다. 우리가 꼭 기억해야 할 것은 고양이가 맛있게 먹는다고 해서 고양이 몸에 무조건 좋은 것은 아니라는 점이다. 우리도 포테이토칩 같은 스낵을 한 번 먹기 시작하면 도중에 멈추기 힘들지만 계속 먹는 게 몸에 좋다고 할 수 없는 것과 마찬가지 이치다.

따라서 캣 푸드를 선택할 때는 무엇이 들어 있는지, 제조사가 어떤 목적으로 개발한 상품인지 충분히 알아봐야 한다. 값이 비싸야 품질도 좋다고 장담할 수는 없지만, 너무 싼 것은 내용물 성분이 우려되므로 자신만의 적절한 선택 기준을 갖고 있어야 한다.

100 직접 만들어 먹이고 싶다구요?

시중에 판매되는 캣 푸드를 먹이다가 직접 만든 음식으로 옮겨가면 고양이마다 적응하는 속도가 제각각이다. 캣 푸드에는 인공적인 냄새가 가미되어 있기 때문에 수제 밥을 주면 처음에는 입맛에 맞지 않아 잘 먹지 않는다. 가뜩이나 먹는 것에 대한 집착이 강하고 음식 기호 또한 젖먹이때 정해지기 때문이다.

따라서 나름의 방법을 찾아 직접 만든 건강한 고양이밥을 먹여야 한다. 먼저, 고기의 종류를 바꿔 보면서 고양이가 좋아하는 것을 찾는다. 가령 닭고기를 고르더라도 다릿살을 좋아하는지, 가슴살을 좋아하는지 살펴 가면서 선호하는 부위를 찾는다.

다음으로는 생식으로 줄 것인지 가열하여 줄 것인지 선택한다. 가열하기로 결정했다면 굽고, 볶고, 삶아서 준다. 고양이의 기호가 다양하기 때문이다. 습식 푸드를 좋아하는 고양이가 있는가 하면, 건식 푸드를 좋아하는 고양이도 있다. 가령 건식 푸드에 익숙한 고양이는 수분이 많으면 당혹스러워한다.

직접 만든 고양이밥으로 바꿔 먹일 때는 고양이가 특별히 좋아하는 것을 섞어주는 것도 효과적인 방법이다. 예컨대 요구르트를 좋아한다면 고기에 뿌려주고 가다랑어나 멸치, 코티지치즈를 좋아한다면 토핑으로 고양이밥에 얹어 보자.

지금까지 먹어온 캣 푸드 상품을 잘게 다져서 섞어도 좋다. 직접 만들어준 고양이밥에 고양이가 익숙해지면 조금씩 그 양을 늘린다. 생선유나 식물유를 완성된 수제 고양이밥에 뿌리면 맛이 좋아 잘 먹는다.

팁 하나 더. 고양이는 36.5도 정도 되는 따뜻한 먹이를 좋아한다. 생고기라도 조금 따뜻하게 데워주면 잘 먹는다.

수제 고양이밥을 한 번 먹지 않았다고 포기하기보다는 꾸준히 시도하는 게 중요하다. 밥 먹는 시간을 정해 놓고 '사랑하는 사람이 직접 만들어준 고양이밥이 바로 나의 밥'이라는 것을 서서히 고양이에게 인식시키는 것도 필요하다.

101 고양이밥도 집밥이 최고죠

 식사는 건강한 생활을 위해 무엇보다 중요하다. 가능하다면 매일 영양 가득한 요리로 맛있게 먹이고 싶은 게 인지상정인데 고양이라고 예외일 수 없다. 최근에는 영양학적으로 균형 잡힌 양질의 캣 푸드가 판매되고 있지만, 직접 만들어주는 고양이밥의 장점을 따라올 수는 없다. 고양이에 대한 애정을 주인만큼 담아낼 수는 없기 때문이다. 동일한 재료로 만든 메뉴라도 각자의 체질에 맞아야 피가 되고 살이 되는 거다. 고양이도 그런 음식이라면 분명 행복한 마음으로 맛있게 먹지 않을까.

 직접 만든 고양이밥은 고기나 야채 등 본래 식재료가 가지고 있는 생명력을 가득 담아낼 수 있다. 그 에너지를 모조리 고양이에게 먹이는 것이므로 고양이 몸도 활력으로 채워질 것이다. 면역력도 증강되어 웬만해서는 병에 걸리지 않고, 비록 병에 걸려도 빠르게 회복한다.

　시중에 판매되는 캣 푸드의 원재료는 언제, 어디서 만들어진 것인지, 또 무엇이 들어 있는지 알 수 없다. 하지만 자신의 손으로 직접 만들면 눈으로 식재료를 확인할 수 있으니 안심이 된다. 게다가 첨가물 걱정도 할 필요가 없다. 하물며 만든 지 시간이 꽤 흐른 것과 지금 막 만든 것은 그 맛에서도 확연한 차이가 있다.

　직접 만들어 먹이는 고양이밥은 고양이의 건강상태를 고려하여 식재료나 조리법을 조절할 수 있다는 이점이 있다. 예컨대 변비가 있는 고양이라면 식이섬유가 들어간 식재료를 추가하고 충분히 수분을 담을 수도 있다. 또 알레르기 반응이 있는 식재료는 미리 뺄 수도 있을 것이다. 체중을 감량해야 할 상황이라면 지방 성분을 적게 넣을 수 있다. 먹는 양은 그대로 두고 열량만 줄이면 되므로 다이어트에 대한 스트레스도 주지 않는다.

　직접 만들어준 고양이밥을 맛있게 먹고, 매일 식사시간을 즐겁게 기다리는, 그런 고양이의 모습을 곁에서 보는 건 큰 기쁨이다. 직접 만들어준 고양이밥은 고양이와의 유대감을 한층 굳건히 만들어줄 것이다.

102 고양이밥 만드는 거 어렵지 않아요

 고양이밥을 직접 만들고 싶어도 영양분이 편중되면 어쩌지, 매일 꼬박꼬박 만들 수 있을까, 하는 불안에 시작도 못하는 사람이 있을 것이다.
 그러나 안심하자. 어지간히 몸에 나쁜 것을 먹이지 않는 한 고양이는 스스로 자신의 몸을 조절하는 능력을 갖추고 있으므로 건강이 나빠져 활력을 잃는 일은 거의 없다. 게다가 먹은 것 전부를 흡수하는 게 아니라, 남거나 불필요한 것은 그대로 몸 밖으로 배출시키는 능력도 있다.
 고양이가 야채도 잘 먹어주면 금상첨화지만, 일단 육류로 단백질을 충분히 섭취하게 해주면 기본적으로 문제될 게 없다. 장기적으로 균형 잡힌 식사를 하면 건강하게 지낼 수 있다는 말이다.
 애초부터 완벽한 수제 고양이밥을 만들겠다는 생각은 하

지 않는 게 좋다. 아침에는 건식 푸드로 먹이고, 밤에만 직접 만든 고양이밥을 먹이도록 한다. 또 평일에는 시중에서 판매되는 캣 푸드를 먹이고 시간적으로 여유 있는 주말에만 직접 만들어주는 것도 좋다. 어차피 가능한 일만 할 수 있으니까.

캔에 든 캣 푸드에 삶은 야채를 섞어 주는 것만으로도 충분하다. 일단 고양이에게 먹일 밥을 직접 만들어야 한다는 부담을 갖지 않아야 오래 이어갈 수 있다.

여러 여건을 무릅쓰고 고양이밥을 기껏 만들어 주었는데 외면당할 때가 있다. 속상하기 이를 데 없지만 그 이유를 생각해 볼 필요가 있다. 고양이는 냄새나 맛, 식감에 매우 예민하여 지금까지 먹어왔던 것이 아니면 경계하는 습성이 있기 때문이다. 더구나 하루 이틀 굶어도 아무 문제가 없기 때문에 고양이가 이대로 계속 밥을 안 먹으면 어쩌나, 하는 걱정은 하지 않아도 된다. 어차피 고양이도 배가 고파지면 결국에는 먹는다.

사랑을 담아 만든 밥을 고양이가 모쪼록 맛있게 먹어주기를 바란다면 우선 고양이가 좋아하는 메뉴부터 제공하자. 고양이도 수제 고양이밥 좋은 건 알기 마련이다.

103 고양이는 뭘 먹여야 할까요?

고양이는 육식동물이다. 육류에 들어 있는 단백질을 체내에서 아미노산으로 분해하여 에너지로 바꾼다. 탄수화물을 에너지원으로 삼는 사람과는 다르다.

또한 고양이에게는 타우린이나 아라키돈산, 비타민 A 같은 영양소가 필요한데, 이것들은 동물성 식재료에 풍부하게 들어 있다. 결국 고양이의 건강을 위해서는 동물성 식재료가 주식으로 반드시 필요하다.

이밖에도 비타민이나 미네랄, 식이섬유 등의 영양소가 필요하므로 야채나 과실, 해조류 같은 식물성 식품과 함께 육류를 먹이는 게 좋다.

고양이에게 탄수화물은 그다지 필요하지 않다. 쌀 같은 곡류는 소량으로도 충분하다. 비율로 살펴보면 육류·어류는 80~90퍼센트, 야채·해조류는 10~20퍼센트 정도가 알맞은 균형이다.

　육류는 고양이에 따라 기호가 갈린다. 소고기를 좋아한다고 해서 소고기만 주기보다는 닭고기나 돼지고기도 적당히 제공한다. 때때로 생선이나 계란, 내장을 섞어주는 것도 좋다. 고기는 생식이든 가열한 것이든 상관없지만 생식에 가까운 상태로 줘야 영양 흡수가 잘 된다.

　야채류는 고기보다 더욱 기호가 갈린다. 야채를 싫어하는 고양이가 꽤 많으므로 처음에는 향이나 식감이 좋은 것부터 먹여본다. 고양이는 우리 인간보다 소화·흡수 능력이 낮기 때문에 잘게 자르거나 다져서 가열해주면 쉽게 먹을 수 있다. 그다지 좋아하지 않는 야채라도 고기랑 같이 섞어 주면 남김없이 먹는다.

　밥이나 빵을 좋아하는 고양이도 있는데, 그럼에도 탄수화물은 잘 소화시키지 못한다는 걸 기억해야 한다. 한꺼번에 많은 양을 주면 설사를 할 수도 있으니 더 먹겠다고 졸라도 밥은 전체의 10퍼센트 정도로 제한하자.

　고양이밥은 간을 하지 않는 게 좋다. 염분을 과잉 섭취하면 오히려 건강을 해치기 때문이다.

104 이런 식재료는 피해주세요

고양이밥을 만들 때 가장 걱정되는 것은 고양이에게 먹여도 아무 문제가 없는가 하는 것이다. 고양이는 음식에 대한 경계심이 매우 강하기 때문이다. 물론 부패한 것이나 유해한 것은 입에 대려고도 하지 않지만 짠맛이 강한 음식은 덥석 받아 먹으므로 특히 주의해야 한다.

인간에게는 아무 문제될 게 없지만 고양이가 먹으면 해로운 식재료를 이 참에 알아두면 괜한 걱정은 하지 않아도 된다.

먼저 고양이가 먹으면 안 되는 식재료로 파나 부추를 꼽을 수 있다. 적혈구를 파괴하는 성분이 있어서 빈혈을 일으키기 때문이다. 혈압상승이나 부정맥, 경련을 일으키는 초콜릿, 심장이나 신경에 악영향을 미치는 카페인, 내장 손상을 입히는 향신료도 고양이에게 먹여서는 안 된다.

주의해서 먹여야 하는 게 또 있다. 가지나 피망, 토마토, 감자 같은 가짓과 야채다. 솔라닌^{감자 싹에 들어 있는 독성물질}이라는 성분이 함유되어 있으므로 가열해서 먹인다. 특히 기생충 감염이나 관절염을 앓은 고양이에게 먹이면 안 된다.

오징어나 문어, 새우에는 비타민 B1을 분해하는 성분이 들어 있어서 날것으로 먹으면 비타민 B1 결핍증을 부르기도 한다. 반드시 익혀서 먹여야 한다. 계란흰자에도 비타민 일종으로 비오틴을 분해하는 효소가 들어 있는데 가열하면 아무 문제 없다.

양배추나 무, 브로콜리 같은 야채에는 갑상선 기능을 악화시키는 성분이 들어 있다. 나이 든 고양이는 갑상선 질환에 걸리기 쉽기 때문에 양을 줄여 준다.

또 사람이 먹는 과자에는 지방과 염분이 많아 고양이에게는 적합한 음식이 아니므로 가급적 주지 않도록 한다.

그 밖에 수국, 튤립, 수선화 같은 꽃이나 관엽식물에도 유해물질이 들어 있으니 고양이가 먹지 않도록 주의한다.

고양이밥을 주기 전에 확인한다.

105 집밥 먹고 달라졌어요

직접 만들어주는 고양이밥으로 식단이 완전히 바뀌면 고양이는 몸무게와 건강에 변화가 생긴다. 따라서 어떤 변화를 보이는지 고양이의 일상과 배설물을 매일 관찰해야 한다.

가장 먼저 변하는 것은 대변이다. 장내 세균의 균형이 달라지면서 설사를 하기도 하는데, 과식이나 식이섬유의 과잉 섭취 때문일 수도 있다. 생식을 하면 변이 묽어지기도 하므로 어느 정도 가열할 것인지를 조절하고 식사 내용을 바꾼 뒤 다시 관찰해보자. 비록 설사를 하긴 하지만 건강하다면 걱정할 필요 없다. 하지만 축 늘어져 있거나 오랫동안 설사가 이어지면 병원에 데리고 가자.

장이 일시적으로 긴장하여 변비에 걸리는 고양이도 있다. 이때는 야채 같은 식이섬유가 풍부한 식재료를 먹이면 자연스럽게 없어진다.

직접 만든 고양이밥을 먹이면 대변 냄새가 옅어지고 양도 준다. 시판되는 캣 푸드에는 대개 향료가 첨가되어서 대변 냄새가 강한데, 집에서 만든 고양이밥에는 향료가 들어가지 않으므로 냄새도 약하고 소변 역시 냄새와 색이 옅어진다.

또한 판매되는 캣 푸드의 절반 정도는 탄수화물이다. 고양이는 탄수화물을 소화시키지 못해 그대로 배설하는데, 탄수화물의 비율을 낮춰 음식을 만들어주면 소화율과 흡수율이 현저히 높아져 대변의 양이 적어진다.

직접 만든 고양이밥으로 바꾸면 몸무게도 가벼워진다. 비만 체형이 날렵해져 적정 몸무게를 회복하는 경우가 많다. 수제 고양이밥으로 바꾸면 수분 섭취량도 늘어나 신진대사가 활발해지고 살도 빠진다. 그러나 지나치게 마르면 단백질인 육류의 양이 부족하기 때문이다.

이 밖에도 털의 광택이 좋아진다, 아토피가 사라진다, 이전보다 활발해진다는 사례가 자주 보고되고 있으므로 이참에 고양이 집밥을 만들어 보자.

106 저 좀 내버려두시면 안 되나요?

"너무 사랑스러워!"

주인들은 사랑하는 고양이를 품에 안고서 마음껏 애정을 퍼붓는다. 이보다 더 행복할 수는 없다는 듯이 말이다. 그런데 유감스럽게도 고양이는 그런 행동을 그리 내켜하지 않는다. 굳이 말하자면 성가실 따름이다.

고양이를 자식처럼 사랑하는 마음은 충분히 이해되지만, 타고나기를 어떤 구속도 없이 자유롭게 사는 것을 최고 행복으로 느끼는 고양이로서는 필요 이상으로 간섭하는 사람은 그저 성가시고 시끄러운 존재일 뿐이다. 특히 고양이는 신체의 자유를 빼앗기는 것을 가장 싫어하기 때문에 억지로 안거나 쓰다듬으면 질색을 한다. 자신을 돌봐주는 주인인지라 싫어도 참지만 마음속으로는 몇 번이고 발톱을 세웠을 게 분명하다.

또 한 가지 고양이 입장에서 도저히 용서가 안 되는 것이 있다. 바로 향기로운 샴푸나 린스로 자신의 냄새를 지워버리는 것이다. 고양이는 냄새에 대한 집착이 강하다. 자신의 냄새를 열심히 묻혀가며 영역표시를 함으로써 자신의 존재를 과시하는데, 고양이에게는 무의미한 꽃향기나 향수 냄새를 묻히니 화가 날만도 하다. 그래선지 목욕을 마친 고양이는 필사적으로 몸을 핥아 이질적인 냄새를 지우고 자기 본연의 냄새를 회복하려고 한다.

한 가지 더 알아둘 게 있다. 목걸이를 하는 것만으로도 불쾌한데 옷까지 입히는 건 너무 곤혹스러울 것이다. 자신의 고양이를 멋지고 사랑스럽게 꾸미려는 애정 어린 마음에서 그러는 것일 테지만 '고양이를 귀찮게 해서는 안 된다'는 충고와는 정반대의 행동이니 유념해야 한다.

정말로 사랑한다면 고양이가 정말로 행복해 하는 상태로 놓아두는 게 제일 좋은 보살핌이다. 고양이의 생리를 존중하고 자유를 주는 것이야말로 가장 깊이 사랑하는 방법이 아닐까?

107 내 나이 돼 보세요

일본에서는 고양이의 절반 정도가 7세 이상이라고 할 만큼 고양이 세계에서도 고령화가 한창 진행 중이다. 그렇다면 대체 어느 시기부터 고양이는 노묘老猫에 속하는 걸까?

손쉽게 적용해 볼 수 있는 기준은 캣 푸드의 분류 방법이다. 대부분의 캣 푸드 회사는 7세부터 노묘로 구분하는데 고양이가 그 나이를 넘기면 슬슬 건강관리에 주의를 기울이게 된다.

단, 고양이 나이로 7세는 인간으로 치면 마흔을 갓 넘긴, 아직은 생명활동이 왕성한 시기다. 따라서 고령이라기보다는 대사증후군에 조금 신경 써야 하는 중년이라고 볼 수 있다.

중년에 접어든 고양이는 기초대사가 급격히 떨어져 쉽게 살이 찐다. 기초대사가 낮아지면 지금까지 먹어온 양을 그대로 유지해도 살이 찌기 때문이다. 얼마 전까지만 해도 고양이의 비만 문제는 거의 주목받지 않았지만 최근 들어 중성화수술의 영향과 운동부족으로 비만 상태인 노묘를 자주 볼 수 있다.

비만은 생활습관병을 초래하는 원인이 되므로 신경을 써야 한다. 특히 나이 든 고양이에게 흔히 보이는 요석증이나 방광염을 일으키는 원인이 된다.

비만 방지를 위해 고양이밥은 식사 시간에만 꺼내놓고, 간식의 양도 줄인다. 동시에 푸드도 노묘용으로 바꿔 섭취 열량을 낮춰야 한다.

그러나 단시간에 급속도로 비만 고양이의 살을 빼면 지방간이 되기 때문에 식사제한은 서서히 오래도록 꾸준히 진행해야 한다.

고양이에게 운동을 시키려고 해도 마음대로 되는 것은 아니다. 적극적으로 움직여주지 않기 때문에 운동으로 몸무게를 빼는 것은 어렵다. 그럴 때는 놀이 기회를 늘리거나 고양이의 움직임을 유도하는 장난감을 주면 기초대사를 높일 수 있다.

때때로 운동부족을 해소하기 위해서 고양이에게 산책을 시키려는 사람도 있는데 사실 긍정적인 효과보다는 부정적

인 게 더 많아서 권하고 싶지 않다. 우선 고양이는 줄에 묶여 걷는 것을 그리 좋아하지 않는데다 산책 중 줄이 벗겨져 도망치다 낯선 고양이나 개와 만나기라도 하면 공황상태에 빠질 수도 있다. 산책하는 의미가 사라지는 것이다.

고양이 나이 7세부터는 서서히 체질도 변하는데, 10세가 되면 노화 속도가 늦춰진다. 몸놀림에 여유가 생기고 높은 곳에도 좀처럼 올라가지 않고 수면 시간도 길어지고 식욕도 떨어진다.

고양이의 노화가 두드러지면 면역기능이 저하되기 시작하고, 내장질환이나 피부질환이 조금씩 증가하기 시작한다. 물론 노화 속도는 고양이마다 개체별 차이가 매우 크다. 생활환경이나 식사 내용물에 따라 다르므로 어느 나이에 무엇을 해줘야 한다는 매뉴얼은 없다. 따라서 각각의 고양이가 어떤 생활을 하는지 잘 관찰하고 건강상태나 기분을 제대로 파악하는 것이 중요하다.

이를 위해 고양이의 건강상태를 기록해 볼 것을 권한다. 일상적인 모습을 기록해두면 이른 시기에 고양이의 변화를 알아차릴 수 있다. 매일은 아니더라도 일주일에 1회 정도 체온과 몸무게, 식욕 여부와 식사 내용, 운동시간과 대소변의

횟수 및 상태를 꼼꼼히 기록해두면 필요할 때 수의사에게 정확한 정보를 전할 수 있다. 아울러 10세를 넘기면 1년에 한두 번은 동물병원에서 건강진단을 받자. 필요하다면 혈액검사나 소변검사도 받아보는 게 좋다.

나이가 들면 고양이는 배뇨기 질환이나 신장병에 쉽게 걸린다. 소변의 농도가 짙어지면 요석증이나 방광염을 일으킨다. 그리고 고양이는 좀처럼 물을 마시지 않기 때문에 평소 물을 잘 먹을 수 있는 방법을 마련할 필요가 있다. 건식 푸드를 수프로 불려서 먹이면 수분 섭취에도 도움이 된다. 물 마시는 곳을 여러 곳으로 늘리는 것도 한 방법이다. 또한 추위를 피하는 것도 간접효과가 있기 때문에 추운 날에는 실내 온도를 높여 따뜻하게 지낼 수 있도록 하자.

column 5
도라에몽은 이렇게 태어났답니다

새로운 만화를 연재하게 된 후지코 F 후지오는 언제 연재를 시작하는지 예고할 때가 되었는데도 아이디어가 정리되지 않아 속이 타들어 갔다.

노트에는 '책상 서랍에서 튀어나왔다. 무엇이? 그 이름은? 정체는?'이라는 단어가 적혀 있었고, 책상 서랍이 그려진 그림에는 '나왔다!'라는 글자뿐이었다. 후지코는 매일 심사숙고하면서 시간을 보냈지만 길고양이가 울어대는 통에 도무지 집중할 수가 없었다.

도라에몽이 탄생하기까지의 고통스런 과정을 담은 〈도라에몽 탄생〉이라는 만화에 의하면, 길고양이가 벼룩을 잡으려다 실수한 장면을 떠올리며 잠이 들었는데 이튿날이 바로 마감날이었다.

"난 끝장이야!"

후지코는 계단을 달려 내려오다 딸아이의 인형에 걸려 넘어진다. 그때 플라스틱으로 만든 귀여운 표정의 동글동글한 오뚝이가 발딱 일어났는데, 마침 울고 있던 길고양이와 한 몸이 되는 고양이 모양의 로봇 이미지가 떠올랐다. 이름은 당초 '얼룩고양이일본어로 도라네코'에서 '도라에몽'으로 바뀌었다.

그나저나 도라에몽은 고양이인데 귀가 왜 없을까? 후지코는 "고양이를 제대로 그리면 거대한 괴물 고양이가 되어 무섭다. 그래서 귀를 생략했다"고 그 이유를 설명했다. 또 몸을 파란 색으로 설정한 것은 연재할 지면이 저학년 대상의 학습지였기 때문이다.

"대개 첫 페이지는 컬러로 시작한다. 도비라 페이지는 수수한 색으로 노란색을 사용하는 일이 많고 제목 글자는 빨간색이 많다. 그러다 보니 남은 색은 파란색뿐이어서 도라에몽이 파래진 것이다."

이렇게 해서 미래에서 온 고양이형 로봇이 탄생했고 마침내 도라에몽은 국민적 인기를 얻는 캐릭터가 되었다. 지금은 전 세계 여러 나라 사람들로부터 가장 사랑받는 고양이가 된 것이다.

고양이는 왜?
고양이의 마음을 알려주는 107가지 진실

초판 2쇄　2018년 03월 25일

지은이　고양이연구소
옮긴이　박재현
펴낸이　김태수
펴낸곳　엑스오북스
주소　서울 마포구 월드컵북로 400 서울산업진흥원 516호
전화　02-2651-3400

ISBN　978-89-98266-17-2　13520

- 잘못 만들어진 책은 구입하신 곳에서 바꾸어 드립니다.
- 값은 뒤표지에 있습니다.

이 도서의 국립중앙도서관 출판예정도서목록(CIP)은
서지정보유통지원시스템 홈페이지(http://seoji.nl.go.kr)와
국가자료공동목록시스템(http://www.nl.go.kr/kolisnet)에서 이용하실 수 있습니다.
(CIP제어번호: CIP2015034177)